AI는 일하고 인간은 성장한다

AI는 일하고 인간은 성장한다

어느 디자이너의
가장 개인적인 생존법

이상인 지음

넥스톤

차 례

새로운 생존

▼

인간은 사건 속에서 살아간다. 이 책을 쓰는 동안에도 크고 작은 사건들이 일어나고 있다. 인구 문제, 이스라엘과 팔레스타인 간 분쟁, 기후 위기, 실업, 물가 상승 등 우리가 주목해야 할 문제는 끝이 없다. 하지만 챗GPT, 즉 인공지능만큼 빠르게 화제가 된 일은 없었을 것이다. AI가 인간의 능력을 어느 정도까지 대체할 수 있는가 하는 논쟁은 무의미해진 지 오래다. 특히 그동안 인간의 역량을 주된 무기로 여겨온 창작계에서 실감하는 위기는 더욱더 클 수밖에 없다. 그

한가운데서 일하는 디자이너인 나 역시 더 민감해질 수밖에 없는데, 고민 끝에 내가 내린 결론은 하나다. AI가 인간의 능력을 뛰어넘을 수는 있어도 노력을 넘어서거나 노력의 한계까지 규정짓지는 못한다는 사실이다. 인간의 최대 강점은 '노력하는 동물'이라는 것이다. 노력이라는 말에는 여러 의미가 내포되어 있지만 이 책에서는 그것을 '성장'이라 표현하고 싶다.

　20대 중반에 미국으로 와서 어느덧 16년 차 '이방인'이 되었다. 무슨 일을 하든 10년을 채우면 전문가라고 하던데, 나도 이쯤 되면 '프로페셔널 이방인'이 아닐까. 군대까지 다녀와 25년을 살았던 나라인데, 이제는 한국을 가도 내 집처럼 마냥 편하지만은 않다. 조금 과장을 보태자면 검은 머리 외국인이 서울 구경하는 기분이랄까. 한국의 지인들을 만나도 데면데면함을 느낄 때가 많았다. 예전에는 이런 일들이 꽤 섭섭했지만, 지금 생각하니 오히려 당연하지 않나 싶다. 무려 16년을 떨어져 지냈으니까. 나와 함께 뉴욕에서 유학 생활을 시작했거나 사회 초년에 만났던 사람 중, 여태 미국에 남은 이들은 열에 한 명 정도다. 그렇게 세월은 흘렀고, 나는 여기에 계속 남아 있다.

타향에서 나름 치열하게 살다 보니 개인적 성공과 좌절 모두 맛볼 수 있었다. 뉴욕에서 디자인 회사를 세워 수백 명 규모로 키워보기도 했고, 남들이 가고 싶어 하는 글로벌 빅 테크 기업에 들어가 외국인 주제에 스튜디오를 리드하는 프린시플Principal 매니저도 해봤다. 하지만 이와 동시에 인종차별의 벽에서 모멸감도 느껴봤고, 체류 신분의 벽에서 가슴도 졸여봤고, 취업과 승진의 벽에서 통곡도 해봤다. 이런 일들 때문에 고국으로 무작정 돌아가고 싶었던 적도, 디자이너라는 직업을 때려치우고 싶었던 적도 있었다. 사실 한국으로 돌아가고 싶은 마음과 다른 일을 해보고 싶은 욕심은 여전히 있지만, 이전처럼 '도피처'로서의 선택은 아니다.

다행히 고통은 바라보는 관점에 따라 달라지는 속성이 있다. 관점을 바꾸면, 롤플레잉 게임에서 내가 달성해야 하는 퀘스트도 고통이다. 하지만 이 퀘스트를 성취했을 때 레벨업하거나 진귀한 아이템을 얻을 수 있다. 고통을 운동으로 치환해도 마찬가지다. 꾸준히 무게와 횟수를 늘리는 고된 과정을 즐기다 보면 고통이 달게 느껴지기까지 한다. 어쩌면 고통은 생각보다 별거 아니거나 살면서 꼭 겪어야 하는 일인지도 모른다. 또한 처음이 힘들지, 적응하고 나면 견딜 만한 고통이 대부분이다. 물론 내가 언제나 꽃길만 걸어온 것도 아니고, 이를 통해 얻은 결과가 항상 자랑스럽지도 않았다. 패배와 배신의 쓴맛도, 내 한계를 체감했을 때 마주한 좌절감도 여전히 남아 있다. 하지만 지난 16년간 이방인으로서 살아온 날들은 내게 '살아남는 법'을 가르쳐 준 고마운 시간이다. 좋은 칼을 만들기 위해 오랫동안 불과 물을 오가며 망치로 두드리고 담금질하듯, '나라는 칼' 한 자루를 벼리는 인고의 시간이었다.

2019년 첫 책 《디자이너의 생각법; 시프트》가 세상에 나왔고, 2년 후인 2021년에 《디자이너의 접근법; 새로고침》이 출간됐다. 두 권의 책을 계기로 많은 독자를 만나고 소통하는 즐거운 경험을 했지만, 직업인이자 작가로서 하고 싶은 이야기는 막연히 내 안에 쌓여만 갔다. 분명 '디자인'에 대해 할 수 있는 이야기는 얼추 다 한 것 같은데, 무얼 더 전하고 싶은지 자문하는 시간이 늘었다. 그러던 중 어쩌면 사람들이 나에게 듣고 싶은 이야기는 전문적인 세계에서 벌어지는 일이나 해결책이 아니라, 그 치열하다는 세계 시장에서 어떻게 디자이너로서 살아남았는지가 아닐까 싶었다. 그때부터 조금씩 내 생각과 경험을 써보기 시작했다.

처음에는 이렇게 소소하고 내밀한 경험이 과연 도움이 될까 미심쩍기도 했고, 남들도 다 아는데 내 경험이어서 의미를 두는 건 아닌지 의심해보기도 했다. 하지만 정보성 콘텐츠가 넘쳐나는 세상일수록 가장 개인적인 콘텐츠를 만나긴 어려운 법이다. 게다가 모든 일이 그렇듯 책도 '타이밍'이 중요하다. 인공지능의 등장으로 모든 사람이 자신의 일을 점검하고 돌이켜 보는 지금, 나의 치열한 경험이 분명 누군가에게는 더 깊게 와닿을 조언이 될 거라 믿었다. 전작에서는 개인적으로 추구하는 '직업인으로서의 자세'에 초점을 두었다면, 이번 책에서는 '경험에서 얻은 생존 철학'을 이야기하고 싶었다. 철학이라니 약간 거창해 보일 수 있어서, 책을 설명하는 부제로 '어느 디자이너의 가장 개인적인 생존법'이라는 이름을 붙였다.

미국에서 타향살이하며 일하는 디자이너의 경험인 만큼, 한국의 다른 분야에서 일하는 분들에게는 덜 와닿는 부분도 있을 것이다. 하지만 어디에서 무슨 일을 하며 어떻게 살아가든 하루하루를 충만하게 채워가려는 의지는 다르지 않다고 믿는다. 지금 우리에게 주어진 가장 큰 과제는 남들이 부러워하는 성공이 아니라, 이 시대의 일꾼으로 살아남아 꾸준히 성장해가는 것 아닐까. 책의 내용을 변화, 회사, 개인의 일로 나눈 이유도 이 때문이다. 조금 더 풍성한 경험을 전하고자, 자기 이름을 걸고 각자의 자리에서 일하는 선배들과 나눈 인터뷰도 실었다. 세상의 변화에 적응하고, 회사라는 조직에서 살아남고, 나다움을 지키며 일하고 싶은 분들이 읽어주기를 바라며 이 책을 썼다. 모든 게 빠르게 변하는 지금, 우리에게는 새로운 생존이 필요하며 그 답은 가장 개인적인 스토리에서 찾을 수 있다.

- 2024년 봄, 시애틀에서 이상인 씀

PART 1

변화와 일

AI와 공존하는 삶

인공지능은 디자이너와 서로 대립되는 관계가 아니라, 디자이너를 도와주는 상호보완적 관계이다. 인공지능은 디자인의 연결이라는 '선'적인 기능에 날개를 달아줄 가장 발전된 도구이다. 그렇기에 '인공지능이 디자이너를 대체할 것인가?'라는 질문보다, '인공지능을 통해 디자이너가 도달할 수 있는 한계는 어디인가?'라는 질문이 더 적절할지 모른다. 디지털카메라와 스마트폰의 등장이 이전 필름 카메라 시대와는 비교도 안 될 정도로 많은 훌륭한 사진가와 명작들을 배출해낸 것처럼 말이다.

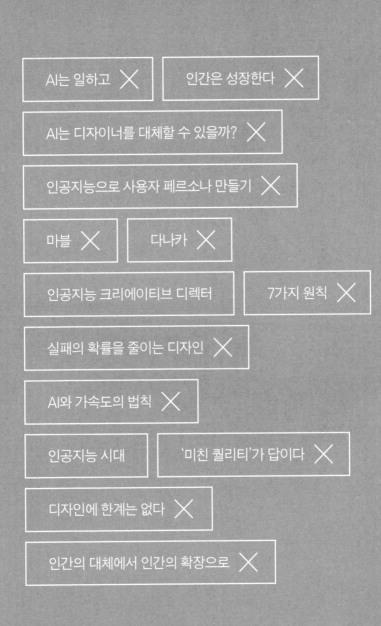

AI는 일하고 ✕   인간은 성장한다 ✕

AI는 디자이너를 대체할 수 있을까? ✕

인공지능으로 사용자 페르소나 만들기 ✕

마블 ✕   다나카 ✕

인공지능 크리에이티브 디렉터   7가지 원칙 ✕

실패의 확률을 줄이는 디자인 ✕

AI와 가속도의 법칙 ✕

인공지능 시대   '미친 퀄리티'가 답이다 ✕

디자인에 한계는 없다 ✕

인간의 대체에서 인간의 확장으로 ✕

AI는 일하고
인간은 성장한다

최근 테크업계에서는 현재 인공지능^AI의 단계를 고대 생물
종이 폭발적으로 증가했던 캄브리아 시대와 비교해, '인공
지능 캄브리아기'라고 부른다. 인공지능 기술이 수없이 많
은 갈래와 형태로 발전하며 특이점 단계에 들어섰기 때문이
다. 많은 전문가들이 현재의 인공지능이 지닌 진정한 역량
은 이 분야의 최전선을 달리고 있는 마이크로소프트나 구글
조차 완벽히 이해하지 못할 수준이라고 말한다. 또한 인공
지능의 발전 속도가 너무 빠른 나머지 일론 머스크를 비롯

한 수많은 리더가 일정 기간 인공지능 발전을 보류해야 한다는 흥미로운 주장을 펼치기도 했다. 한목소리로 인공지능의 엄청난 가능성을 강조하면서도, 사회적 공감대의 조성과 당국의 규제를 주장하는 양면적 행보를 보이고 있다. 인공지능은 매분 매초 다양한 형태로 빠르게 진화하고 있고, 인공지능이 인류에게 득이 될지 실이 될지는 여전히 모호하다.

"인간의 존재는 무엇인가?" 다분히 철학적인 물음이지만 동시에 생존과 직결된 사항이다. 여러 인공지능 과학자들은 성능이 뛰어난 거대언어모델LLM들이 자아를 인식하고 있으며, 의도적으로 사람들을 속이는 모습을 보인다고 이야기한다. 그래서 오픈AIOpenAI의 챗GPTChatGPT에서도 자기 인식 및 거짓 행동 가능성을 주시하고 이를 바로잡는 데 많은 공을 들이고 있다. 인공지능은 이제 인간의 피조물 단계를 넘어 하나의 종으로 발전하는 과정에 놓였으며, 앞으로 인간과 인공지능은 종의 상호 우위를 놓고 경쟁을 펼치는 관계로 진화할지 모른다. 그런 측면에서 인간이라는 종을 재정립하고, 이를 바탕으로 인공지능과 경쟁 혹은 상생을 도모해야 하는 시점에 도달한 듯하다.

흔히 '인공지능이 발전하면 인간은 창의적인 일을 하면 된다'라고 말한다. 인공지능의 발전이 많은 직업을 사라지게 할 수는 있지만, 새로운 가능성 또한 열리기 때문에 너무 걱정할 필요가 없다는 뜻이다. 완전히 틀린 말은 아니지만 너무 낙천적인 생각이 아닐까? 당연히 창의성과 추진력, 자본을 갖춘 사람들의 경우 인공지능의 등장은 천군만마를 얻은 상황일 것이다. 자신의 평소 능력보다 몇 배 이상의 생산성을 낼 수 있기 때문이다. 하지만 모든 사람이 창의적인 성향이나 직업을 가진 것은 아니며, 매번 새로운 기술에 적응할 필요가 있지도 않다. 또한 단순히 육체노동을 반복하는 일자리 수가 무언가를 배우고 수행하는 창조적인 일자리보다 압도적으로 많다는 사실은 부정할 수 없다. 인공지능은 기술적 장벽이 그리 높지 않으면서 큰 수익을 낼 수 있는 분야를 중심으로 사람을 일터에서 밀어낼 것이다. 고객 콜센터들이 빠르게 인력을 줄이고 인공지능으로 대체하는 모습을 보면 이미 변화는 시작되었다고 해도 무방하다. 이러한 변화의 시대에 우리 인간은 어떻게 대응해야 할까?

개인이 할 수 없다면 국가가 나서야 할지 모른다. 지난 2020년 미국의 대통령 후보 경선에서 신선한 평가를 받았던 민주당의 앤드루 양은 국민 모두에게 어느 정도 생활 가능한 수준의 자금을 지원하는 '보편적 기본 소득'을 빠르게 도입해야 한다고 주장했다. 당시 그의 의견에 많은 사람이 현재 자본주의 시스템과 맞지 않는 포퓰리즘이라며 비난했다. 산업사회를 거치며 우리가 추구해온 최고의 가치는 '경제성'과 '생산성'이다. 더 많은 물건을 더 빠르고 더 싸게 찍어내는 것이 경쟁에서 승리하는 길이었기 때문이다. 이를 위해 우리는 전통적인 수공업 장인을 조립에 최적화된 컨베이어 벨트로 대체했다. 그리고 이 컨베이어 벨트에서 각각의 조립 파트를 맡아 노동력이 축소된 근로자를 지금 인공지능과 기계가 대체하고 있는 중이다. 인공지능의 성능이 사람과 견주어 크게 떨어지지 않거나 앞서는 다양한 영역들 모두 비슷한 처지에 처할 것은 어렵지 않게 예측할 수 있다. 운전자를 인공지능으로 대체하려는 시도는 이미 이루어지고 있다. 또한 포토샵 같은 디자인 툴에도 인공지능 기능이 소개되어 단순 작업 일거리가 순식간에 사라지는 등, 노동시장의 변화는 빠르게 전개되고 있다. 그런 만큼 정부가 인공지능을 활용하는 기업에서 세수를 마련해, 그 소득을 국민에게 재분배하는 논의가 필요한 시점이다. 시기와 방법의

문제일 뿐 충분한 사회적 합의를 거쳐 이루어질 부분이며,
이는 인간이 인공지능에 대응하는 현실적 방법일 수 있다.

인간만이 할 수 있는 고유한 행위는 더 큰 가치를 지니게
될 것이다. 노동 시장과 소득원의 변화 등으로 인해 인간은
노동의 주체에서 소비의 주체가 된다. 재화를 얻기 위해 반
드시 노동하지 않아도 되고, 기본 소득만으로 생활을 영위
할 수 있는 시대가 오면 인간은 무엇을 어떻게 소비할지에
더 많은 시간을 쏟을 것이다. 다양한 제품부터 콘텐츠까지
이를 만드는 역할은 인공지능이 전적으로 담당하거나 인간
과 협업하는 만큼 그 양은 폭발적으로 증가하게 된다. 수요
이상으로 공급된 것들의 가치는 당연히 떨어지고, 과공급
사회에서 인간에게는 현명한 소비가 더 중요해진다. 이 과
정에서 공급자 측은 더 많은 소비를 유도하기 위해 마치 유
명 드라마 시리즈 〈블랙 미러〉의 '핫샷Fifteen Million Merits' 에
피소드처럼 우리가 경험하는 모든 것의 광고 플랫폼화를 추
진할지 모른다. 하지만 인공지능이 인간의 영역을 침범한다
는 말은 인간만이 할 수 있는 행위의 공급 총량 혹은 비율이
상대적으로 줄어든다는 뜻이다. 기존의 수요를 맞추지 못한

공급은 가치의 상승을 이끌어낸다. 그렇기 때문에 인간만이 할 수 있는 생각과 행위가 더 소중해지고 가치 있는 환경이 펼쳐지게 된다. 인공지능이 활용된 창작물의 과공급은 그렇지 않은 것들에 대한 수요를 더 상승시킨다. 우리는 인간이 직접 만들어낸 작품에 대한 원초적인 끌림, 즉 자연적 수요가 존재한다. 예를 들어, 같은 그림이라고 해도 종이에 프린트된 이미지와 사람이 직접 그린 원본 페인팅 중 원본의 선호도가 압도적으로 높다. 그렇기에 다양한 인간적인 접근을 전략적으로 늘리는 일도 인공지능 시대의 현명한 대응법이다.

'나'다운 것을 찾는 일도 중요하다. 많은 사람이 간과하는 사실이 있는데, 이미 엔지니어링도 모든 것을 하드코딩(처음부터 일일이 코딩 랭귀지를 사용해 기능을 만드는 방식)하지 않은 지 오래되었다. 여기에서 더 발전된 개념을 노코드No-code 혹은 로코드Low-code라고 부르는데, 코딩을 모르거나 아주 기본적인 지식만 있어도 원하는 기능을 엔지니어링할 수 있게 해주는 방법이다. 이미 여러 SaaS(Software as a Service, 서비스형 소프트웨어) 형태로 나와 다양한 기업을 돕고 있다.

이러한 트렌드는 인공지능의 등장으로 더욱 가속화되고, 결국에는 전 연령대의 대중에게까지 그 활용이 확장될 것이다. 이런 변화의 흐름에서는 레고처럼 여러 블록을 이해하고 하나로 합쳐 새로운 것을 만드는 능력이 중요하다. 그렇기에 내가 하고자 하는 일이 있다면, 그 어느 때보다도 효과적으로 전개할 수 있는 시대가 지금이다. 인공지능으로 인한 인간 사회의 변화는 이제 돌이킬 수 없는 시대의 흐름이 되었다. 그렇다면 이를 현명하게 헤쳐나갈 수 있는 개인과 사회를 적극적으로 육성해야 한다. 앞에서 언급했듯이 많은 분야의 장벽이 낮아지겠지만, 그 공간을 인공지능이 치고 들어올 것이다. 하지만 바로 이때가 '나'다운 것, 가장 인간다운 것에 집중하는 시작점이 될 수 있다. 내가 좋아하고 하고 싶은 일들을 하다 보면 그것이 바로 길이 되고, 개인에게 더 많은 기회가 주어지는 환경이 되지 않을까?

AI는 디자이너를
대체할 수 있을까?

▼

"인공지능 때문에 더 이상 학생들에게 디자인을 어떻게 가르쳐야 할지 모르겠어요."

평소 친분 있는 한 대학교수가 한 말이다. 그는 최근 소개되고 있는 여러 인공지능 디자인 프로그램의 성능에 당황한 기색이 역력했다.

미드저니Midjourney나 달리DALL-E와 같은 인공지능 디자인 툴은 최근 몇 년 사이에 시장에서 두각을 드러내기 시작했다. 처음에는 많은 사람이 반신반의했다. '인공지능이 해봤자 얼마나 하겠어?' '디자인이나 예술처럼 창의성이 중요한 분야는 인공지능에게 불가침 영역이야' 같은 의견도 많았다. 하지만 인공지능의 성능이 진화하고 이를 잘 다룰 줄 아는 사람들이 늘어나자, 모두의 예상을 훨씬 뛰어넘는 결과물이 쏟아지기 시작했다. 심지어 비예술 전공자가 인공지능 툴을 활용해 만든 작품이 예술 공모전에서 입상하는 사례도 발생했다. 그러자 디자인·예술 계통에 종사하는 사람들 사이에서 '내 일자리는 과연 안전할까?' 하는 공포가 확산되기도 했다.

사실 한정된 영역 내에서 데이터를 반복적으로 학습해 패턴을 도출하는 일에 관해서는 인공지능이 인간보다 뛰어날 수밖에 없다. 그렇다면 디자인마저 인공지능이 인간을 대체할까?

이 질문에 대한 1차원적인 대답은 '그럴 수 있다'이다. 안타깝게도 단순 작업을 반복하는 디자이너의 일자리는 이미 큰 폭으로 줄어왔고, 앞으로 그 감소 속도는 훨씬 빨라질 것이다. 예를 들어 포토샵으로 누끼(배경 지우기)를 한 땀 한 땀 따는 작업은 이미 인공지능의 힘으로 사실상 사라졌다. 마치 디지털카메라가 나오고 필름 사진사라는 직업이 거의 사라진 것처럼, 환경이 바뀌면 이에 따라 사람도 산업도 바뀌는 모습을 우리는 많이 보아왔다.

하지만 인공지능이 디자이너를 대체할 것이냐는 애초에 잘못된 질문이다. '디자인'이라는 단어의 정의는 시대에 따라 계속 진화하기 때문이다. 전통적 관점에서 디자인은 어떠한 사물의 시각적·물리적 형태를 개선하여 소비자의 목적이나 취향을 만족시키는 것을 말한다. 디자인은 결과물 그 자체(무엇, What)를 나타내는 경우도 많았다. 그래서 흔히 사람들은 시각적으로 만족스러운 알레시의 주방용품이나 포르쉐의 자동차를 보면, '나는 이 디자인이 마음에 든다'라고 말한다.

하지만 디지털 시대, 특히 인공지능 및 클라우드와 같은 혁신적인 기술이 산업을 이끌어가는 현재와 미래 세대에서의 디자인은 '무엇What'보다 '어떻게How'에 가깝고 '왜Why'가 중요하다. 단순한 결과물보다 어떠한 결과를 도출하기 위한 과정과 이유가 디자인인 것이다. 이 과정을 통해 사람과 사람, 사람과 기술 그리고 기술과 기술을 연결해주는 일이 바로 디자인의 역할이다. 인공지능은 디자이너와 서로 대립되는 관계가 아니라, 디자이너를 도와주는 상호보완적 관계이다. 인공지능은 디자인의 연결이라는 '선'적인 기능에 날개를 달아줄 가장 발전된 도구이다. 그렇기에 '인공지능이 디자이너를 대체할 것인가?'라는 질문보다, '인공지능을 통해 디자이너가 도달할 수 있는 한계는 어디인가?'라는 질문이 더 적절할지 모른다. 디지털카메라와 스마트폰의 등장이 이전 필름 카메라 시대와는 비교도 안 될 정도로 많은 훌륭한 사진가와 명작들을 배출해낸 것처럼 말이다.

우리가 현재 경험하고 있는 인공지능의 대중적 활용은 여전히 초기 단계다. 그러나 인공지능의 경이로운 발전에 힘입어 최근 적극적으로 모색되고 있다. 새로운 영역인 만큼 기회도 많고, 위험도 많다. 컨셉 아트나 초기 디자인의 경우 인공지능 툴을 활용하면 기존과는 비교도 안 될 정도로 빠르게 작업물을 뽑아낼 수 있다. 하지만 대부분 바로 상품화하기에는 어려운 결과물이 나온다. 특히 디자이너의 의도와 디테일한 기능을 반영해야 하는 실제 제품에 인공지능이 빠르게 만든 시안을 바로 적용하는 것은 현시점에서는 어렵다. 예를 들어 신발을 디자인할 때 인공지능에게 '멋진 신발을 디자인해줘'와 같은 단조로운 명령어를 주입한 후 수준 높은 결과를 얻기란 불가능하다. 인공지능은 당신이 무엇을 원하는지 그 정도 정보로는 파악할 수 없기에, 가장 보편적이고 어디서 본 듯한 재미없는 평균치 결과물을 보여주기 때문이다. 인공지능으로 제대로 된 디자인을 얻기 위해서는 정확한 의도와 맥락을 입력해야 할 뿐 아니라, 결과물에 영향을 미칠 변수들(빛, 재질, 무드 등)도 섬세하게 제어해야 한다.

인공지능의 발전으로 무언가를 구현하는 행위의 장벽은 앞으로 더 낮아질 것이다. 하지만 인공지능을 무분별하게 사용하면 저작권 관련 문제가 계속 불거질 수 있다. 이는 벌써 이슈가 되고 있는 '인공지능 생성 이미지 사용 반대No to AI-generated images' 운동과도 관련이 깊다. 하지만 디자이너는 인공지능의 능력에 전적으로 의존해서도, 그 결과물을 무조건 경외해서도 안 된다. 인공지능을 제대로 이해하고 활용해야 한다. 이는 인공지능에 관련된 코딩 공부를 해야 한다는 뜻은 아니다. 노코드 혹은 로코드 방식으로 플랫폼과 인프라스트럭처가 진화하고 있기 때문에, 앞으로 디자이너가 인공지능의 소스 코드를 직접 엔지니어링할 일은 사실상 사라질 것이다.

디자인이 지닌 연결, 즉 '선'적인 요소에 중점을 두고 인공지능을 활용해야 한다. 디자인은 목적성Mission과 맥락Context이 중요하다. 인공지능이 활용할 적절한 데이터 리서치와, 인공지능으로 얻은 결과를 실제 사용자와 테스트를 통해 개선하는 '데이터 드리븐 디자인Data Driven Design' 방식이 디자이너에게 필수가 될 것이다. 그리고 한곳에만 국한된 사고에서 벗어나 여러 영역을 자유롭게 연결할 줄 아는 사람이 인공지능 시대가 원하는 디자이너가 될 것이다. 이러한 탈영역적 연결 능력이야말로 인공지능이 쉽게 따라 할 수 없는 고차원의 작업이기 때문이다. 이렇게 색다른 영역을 연결하는 일을 우리는 '창의적 행위'라고 부른다. 지금의 인공지능은 한정된 영역에서 벗어나거나 새로운 영역이 추가될수록 급격히 늘어나는 변수 때문에 효율과 정확도가 현저히 떨어진다. 하지만 디자이너가 인공지능의 기능을 맥락과 목적에 맞게 조합해 새로운 결과를 도출하는 능력을 키운다면, 인공지능은 그 어떤 툴보다 효과적으로 창의적인 결과물을 가져다줄 것이다. 그런 측면에서 디자이너라는 직업은 인공지능과 공존하며 앞으로 더 많은 기회를 맞이할 수 있지 않을까?

마이크로소프트의 현 CEO 사티아 나델라^{Satya Nadella}는 이렇게 말했다. "인공지능은 일자리를 빼앗는 게 아니라, 일자리의 개념을 바꿔 놓을 것이다."

인공지능으로

사용자 페르소나 만들기

▼

어느 날, 인스타그램 DM으로 질문이 하나 왔다. 일하는 회사에 사용자 페르소나(User Persona, 가상의 사용자 설정)가 없어, 어떻게 구축하면 좋을지 조언을 구하는 내용이었다. 개인적으로는 디자이너라면 누구나 꼭 한 번쯤 고민해야 할 문제라고 생각한다. 페르소나의 중요함을 머리로는 잘 알지만 실제 디자인을 할 때 시간과 리소스가 부족해 간과하는 경우가 많기 때문이다. 페르소나가 프로덕트 디자인에 왜 중요하며, 어떻게 챗GPT 같은 인공지능 툴을 활용해 효과적으로 구축할 수 있을까?

　사용자 페르소나를 간단하게 정의하면, 어떤 제품이나 서비스를 실제로 사용할 만한 고객 집단을 대표하는 가상의 캐릭터이다. 페르소나는 목표 고객층이 가진 니즈, 행동 특성, 코호트 등을 분석해 만들어진다. 이 페르소나를 용도나 스케일에 따라 범용적으로 설정할 수도 있고, 아주 디테일하게 설정할 수도 있다. 마치 게임 캐릭터를 설정하듯이 말이다. 그런데 사용자 페르소나가 디자인에 필요한 이유는 무엇일까? 바로 이 페르소나를 활용하여 사용자 중심 디자인을 할 수 있기 때문이다. 성공적인 프로덕트 디자인이 되려면 사용자의 니즈를 파악해 그들에게 필요한 부분을 효과적이고 직관적으로 전달해야 한다. 이때 사용자 페르소나를 통해 타깃층의 니즈를 더 정확하게 파악할 수 있다. 예를 들어 요리를 좋아하는 사람을 위한 쿠킹 앱을 디자인한다고 가정해보자. 이때 타깃 사용자를 '요리하는 사람'과 같이 너무 광범위하게 설정해서는 안 된다. 초보 요리사에게는 기본 지침과 간단한 기능 설명처럼 친절한 안내가 필요한 반면, 전문 요리사에게는 특이한 레시피나 영양소의 디테일한 분석이 필요할 수 있다. 그래서 전혀 요리를 해보지 않은 초심자, 간편한 일반식을 할 줄 아는 중급자, 수준 높은 요리를 할 줄 아는 전문가 등 다양한 유형으로 나누어야 한다. 또 이 안에서 기능이나 설정에 따라 필요한 페르소나를 세분화해야 한다. 같은 앱이라도 사용하는 방식이 고객의 니즈와 상황에 따라 제각기 다를 수 있기 때문이다.

프로덕트 디자인에 꼭 필요한 페르소나를 구축할 때 인공지능을 어떻게 활용할 수 있을까? 인공지능으로 사용자 페르소나를 구축하기 위해서는 데이터 모으기, 데이터 고도화하기, 페르소나 생성하기, 페르소나 다듬기의 네 단계가 필요하다.

첫 번째는 타깃 사용자에 대한 데이터 모으기다. 대략적으로 구성한 타깃층의 연령, 성별, 지역이나 기타 특징들을 인공지능을 이용해 수집한다. 쿠킹 앱을 예로 들면, 요리를 좋아하는 사람들이나 쿠킹 앱 사용자들의 개인적 혹은 지역적 특성과 관련된 데이터를 조사하게 할 수 있다. 광산에서 흙을 계속 파다 보면 원석이 나오듯, 포괄적인 영역부터 미시적인 영역까지 가리지 않고 연관 데이터를 많이 수집하는 일이 중요하다.

두 번째는 다양하게 수집한 데이터를 분석하는 작업이다. 인공지능은 데이터를 빠르게 모을 뿐 아니라, 이를 분석해 요약하는 능력도 뛰어나다. 인공지능의 이런 능력을 활용해 데이터를 내가 원하는 용도로 사용하기 좋게 고도화 및 분류 작업을 한다. 예를 들어, 수집한 데이터를 바탕으로 '캘리포니아주에 사는 20대 싱글 남성이 쿠킹 앱을 사용할 수 있는 사례에는 어떤 것이 있을까?'와 같은 질문도 인공지능에게 할 수 있다. 혹은 여러 통계를 기반으로 비교 분석을 지시하거나 이 결과를 차트로 생성할 수도 있다. 수집한 데이터에서 발견한 원석의 형태를 대략적으로 가다듬는 것이다.

세 번째는 데이터 분석을 기반으로 가상의 캐릭터를 생성하는 일이다. 이제 어느 정도 다듬어진 원석을 보석으로 만들 차례다. 구축하려는 페르소나에 관한 여러 특성이 마련되었다면, 이를 바탕으로 인공지능에게 특정 기능이나 유스케이스Use Case를 감안한 페르소나를 만들라고 지시할 수 있다. 쿠킹 앱의 사용자 중 젊은 전문직 남성을 타깃으로 하고, 그가 원하는 목표를 건강한 식단 구성으로 특정해 페르소나 생성을 인공지능에게 지시하면 다음과 같은 결과를 얻을 수 있다.

이름: 알렉스

나이: 27세

직업: 소프트웨어 개발자

지역: 캘리포니아주

배경: 알렉스는 최근 대학을 졸업하고 샌프란시스코에서 소프트웨어 개발자로 첫 직장생활을 시작했습니다. 그는 여가 시간에 하이킹과 농구를 즐기지만 업무가 바빠 균형 잡힌 식생활을 하기가 어려웠습니다. 건강한 식습관을 일상에 접목할 방법을 찾고 있지만, 요리 경험이나 시간이 부족할 때가 많습니다.

목표와 동기: 알렉스는 건강한 식습관을 기르고 싶고, 집에서 만들기 쉬운 요리를 찾고 있습니다. 그는 자신의 요구사항을 충족하는 빠르고 간단한 레시피와 건강한 식단을 제공하는 쿠킹 앱을 사용하고자 합니다. 그는 건강을 관리하려는 의욕이 강하고, 집에서 요리하는 것이 외식이나 매장 음식을 포장해오는 일보다 더 저렴하고 현명한 선택이라고 생각합니다.

도전 과제: 알렉스는 요리 경험이 부족하여 건강한 식단을 짜는 데 어려움을 겪고 있습니다. 또한 직장에서 늦게까지 일한 후 집

에 돌아와 요리하기에는 너무 피곤할 때가 많습니다. 그는 따라
하기 쉬운 레시피와 건강한 식단을 제공하는 쿠킹 앱을 찾고 있습
니다.

성격: 알렉스는 자신의 건강과 웰빙을 소중히 여기고, 추진력과
집중력이 뛰어난 사람입니다. 목표 지향적이며 긍정적이고 적극
적인 태도로 도전을 즐깁니다. 새로운 것을 기꺼이 시도하고, 다
양한 요리와 기술을 탐구하는 데 열려 있습니다.

이러한 페르소나를 고려할 때 빠르고 쉽게 준비할 수 있는 건강한
레시피와 영양 정보, 기본적인 요리 기술을 제공하는 쿠킹 앱이
가장 이상적입니다. 또한 이 앱은 식료품 목록, 식사 계획, 사용
자 리뷰와 같은 기능을 제공하여 알렉스가 건강한 식습관 목표를
달성하는 데 도움을 줄 수 있습니다.

마지막 네 번째는 만들어진 페르소나를 더 정밀하게 다듬
는 작업이다. 생성한 사용자 페르소나의 결과가 마음에 든
다면 이를 바탕으로 다른 설정을 추가할 수도 있다. 기본 전
제나 페르소나의 목표를 바꾸고 싶다면 이전 단계로 돌아가
마음에 드는 페르소나가 생성될 때까지 반복한다. 최고급

보석에 마지막 디테일을 더하는 과정이다.

이처럼 인공지능을 활용하면 사용자 페르소나를 효과적으로 구축할 수 있다. 하지만 여전히 사람의 비전과 방향 설정이 중요하다. 따라서 디자이너는 페르소나가 타깃층을 정확히 파악하고 제품 목표에 부합하는 설정을 가지는지 끊임없이 검증하며 발전시켜야 한다. 또한 인공지능으로 만든 페르소나가 놓치는 부분이 많거나 추후에 여러 개선점이 생긴다면, 무조건 인공지능에만 의지하지 말고 사람이 직접 챙기며 보완해 나가야 한다. 그래야 더 완성도 높은 페르소나를 구축할 수 있다. 아무리 인공지능이 뛰어나다 해도 목적 없이 생성한 인공지능의 결과물은 의미 없는 데이터일 뿐이며, 누구도 관심 없는 보석이 될 수 있다.

'마블'에게는 없고, '다나카'에게는 있는 것

▼

'양자역학'은 이제 전 국민이 들어봤을 정도로 상식적인 용어가 되었다. 이는 물질과 에너지의 가장 작은 단위인 양자의 행동을 설명하는 물리학의 한 분야이다. 우리 눈으로는 볼 수 없는 미시적 세계를 다루며 '불확정성 원리'와 '양자 얽힘'과 같은 현상을 통해 고전 물리학에서 밝히지 못한 자연현상을 설명한다. 이 어려운 학문적 용어는 마블의 〈어벤져스〉 시리즈를 통해 대중에게 더 친숙하게 다가오기 시작했다. 우리가 모르는 다른 세상에 대한 흥미진진한 이야기는 많은 이들의 눈과 마음을 사로잡기에 충분했다. 특히 10년간 빌드업한 타노스와의 대결을 극적 승리로 이끈 4편 〈어벤져스: 엔드게임〉은 히어로물 마니아뿐 아니라, 일반 대중에게까지 큰 감동을 준 수작으로 꼽힌다. 하지만 이 4편이 끝나고 마블의 인기는 급격히 하락했다. 새로운 빌런 '캉'이 등장했지만, 마블 시리즈의 새판을 이끌고 가기에는 역부족이었다. 여러 이유가 있었지만 더 복잡해진 세계관과 각 영화나 드라마 시리즈의 완성도를 마블이 컨트롤하지 못했기 때문이라는 평이 지배적이다. 특히 양자 영역에 들어가거나 차원의 문을 열 수 있는 캐릭터 등이 등장했으나, 사람들이 충분히 공감하고 이해하며 따라올 수 있게 극을 전개했다기보다, '네가 뭘 좋아할지 몰라서 그냥 다 준비했어!'라는 식으로 무책임하게 집어넣었다. 이러한 접근은 마블 팬과 대중이 원하는 모습이 아니었다.

멀티버스는 무제한 뷔페가 아니다. 요즘 오픈월드 게임과 콘텐츠가 인기라지만, 여기에도 관통하는 주제와 흐름이 존재한다. 이를 바탕으로 메인 캐릭터가 구축되고, 심지어 전혀 특별하지 않은 게임 속 NPC들도 존재하는 이유와 디테일이 있어야 사람들에게 인정받는다. 그런데 〈어벤져스〉

4편까지 이룩한 하나의 대서사시가 끝남과 동시에 갑자기 멀티버스로 사람들을 밀어넣은 것은, 마치 고급 코스 요리를 배불리 먹고 나온 사람들을 강제로 싸구려 뷔페로 끌고 온 듯한 느낌이었다. 대중은 여태까지 마블이 보여준 수준 있는 작품과 전개에 눈이 많이 높아졌을뿐더러 영웅들의 대서사적 이야기에 질리고 있었다. 이런 와중에 별 매력이 없는 캐릭터가 크게 공감 가지 않는 이야기를 들고 나왔을 때 전과 같은 호응을 기대하기란 무리였다. 몇몇 메인 캐릭터들의 인기만으로는 극을 이끌어 갈 수 없다.

그렇기에 로컬 식당이 필요하다. 대개 사람들은 크고 화려한 대형 식당이나 프랜차이즈를 좋아하지만, 자신만의 독특한 맛과 스토리를 지닌 작은 식당을 선호하기도 한다. 특히 유명 노포뿐 아니라 우리 주변에서 흔히 찾아볼 수 있는 로컬 식당은 지역 커뮤니티의 일부로서 지역 경제와 문화 발전에 기여하는 중요한 역할을 한다. 한마디로 소속감과 유대감을 형성한다. 사람들이 느끼는 이러한 감정은 식당뿐 아니라 브랜드와 제품 그리고 콘텐츠에도 모두 중요한 요소로 작용한다. 〈스타워즈〉는 마블 못지않은, 아니 그 이상 가는 대서사시다. 심지어 〈스타워즈〉는 상대적으로 역사가 짧은 미국의 건국신화로까지 미화되기도 한다. 하지만 스타워즈 프랜차이즈도 마블과 비슷한 힘든 시기를 보낸 적이 있다. 이때 한 줄기 빛과 같은 시리즈가 소개되었는데, 바로 〈만달로리안〉이다. 이 시리즈는 우주를 떠돌아다니는 현상금 사냥꾼 딘 자린과 아기 요다 그로구의 모험과 성장에 관한 이야기다. 〈스타워즈〉 세계관에 기반하고 있지만, 큰 전투나 거창한 목표를 전면에 내세우지 않는다. 대신 등장인물들의 스토리에 집중한다. '만달로어'인 딘 자린이 뛰어난 전사로 그려지긴 하나, 세계관 최강자도 아니다. 딘 자린과 그로구에게는 그저 하루하루가 고난의 연속이다. 이 여정 속에서 둘은 생존을 위해 싸우기도 하고 여러 친구도 만든다. 이러한 접근은 기존의 〈스타워즈〉 세계관 자체를 확장하면서, 〈스타워즈〉와 〈만달로리안〉 시리즈 모두에 긍정적인 영향을 주었다.

페이스북 같은 SNS도 사용자의 거주 지역에 기반한 서비스를 지속적으로 출시 및 관리하려고 노력한다. 이제는 메가 플랫폼이 된 페이스북은 일방적인 주장을 늘어놓는 포스팅이나 관심 없는 광고가 너무 많이 보여 피로감이 들 때가 있다. 하지만 거주 지역이나 사람들의 취미 혹은 관심사를 토대로 한 마켓플레이스와 커뮤니티 기능은 여전히 페이스북에서 로컬 식당 같은 역할을 해주고 있다. 사람들에게 시끌벅적한 대로변에서 벗어나 잠시 숨을 고를 만한 골목을 마련해주는 것이다. 이는 원하는 정보를 선택적으로 취하고 비슷한 취향을 가진 이들과 동질감을 느끼는 등의 미시적 경험을 제공한다.

"악마는 디테일에 있다"라는 속담이 있다. 멀티버스적 접근이 무조건 나쁘지는 않지만, 디테일 없이 멀티버스를 외치는 것은 악수가 될 확률이 높다. 최근 마블 작품 중 최악으로 평가받는 〈더 마블스〉나 〈변호사 쉬헐크〉 모두 극의 엉성한 전개와 부족한 디테일을 지적하는 사람들이 많았다. 세계관 하나의 총량을 1이라고 했을 때, 이는 여러 인물이나 세계관 수에 정비례하거나 세계관 사이의 시너지에 따라 몇 배 혹은 몇백 배 확대될 수 있다. 그만큼 챙겨야 할 디테일도 많다. '나몰라패밀리' 출신의 개그맨 김경욱 씨는 이를 가장 잘 이해하고 있는 인물 중의 하나가 아닐까 한다. 일본인 호스트 '다나카', 50대 중반의 끼 많은 아저씨 '김흥

남', 패션 디자이너 '김건욱' 등 누가 이야기해주지 않으면 같은 사람인 줄 모를 정도로 설정과 연기 디테일이 엄청나다. 패션부터 말투, 짧은 순간 나오는 표정이나 제스처 등은 그가 캐릭터와 혼연일체가 됐음을 보여준다. 하지만 그가 처음 나왔을 때 사람들이 바로 알아주거나 쉽게 많은 팬이 생기지는 않았다. 그래도 그는 한두 번 해보고 관두는 게 아니라, 몇 년을 투자해 캐릭터의 완성도를 높이고 그 세계관을 확장했다. 그의 오랜 노력이 임계점에 도달했을 때 사람들의 관심은 폭발적으로 늘어났고, 지금도 꾸준히 이어지는 중이다. 다나카 캐릭터로 큰 인기를 얻은 이후에도 그는 초심을 유지한 채 계속 캐릭터들을 발전시키고 있다. 이는 그가 만든 세계관에 한번 입덕하면 사람들이 쉽게 빠져나올 수 없는 이유이기도 하다. '한번 해봤는데 사람들이 몰라주더라'와 같은 변명은 그에게 통하지 않았다. 그런 측면에서 마블은 초심을 되찾기 위해 김경욱 씨에게 배워야 할 부분이 있는 듯하다.

인공지능 크리에이티브 디렉터를 위한

7가지 대원칙

▼

디자인의 본질은 문제를 해결하고 이를 통해 의미 있는 메시지를 전달하는 데 있다. 이러한 접근은 인간의 경험과 감정, 사회적 맥락에서 비롯되며 진정한 창조성과 혁신은 여전히 인간의 안목, 융합 능력 그리고 소통에서 나온다. 그렇기에 쉽고 빠르게 만든 인공지능의 결과물이 얼마나 진정성과 창의성을 지니는가에 의문이 계속되는 것이다. 이러한 인공지능과 인간 사이를 이어주는 새로운 형식의 디자이너가 바로 '인공지능 크리에이티브 디렉터'가 아닐까 한다.

인공지능 크리에이티브 디렉터는 인공지능과 인간의 협업을 기반으로, 인공지능이 처리할 수 있는 기술적·반복적 작업과 인간의 창조적·전략적 사고를 결합한다. 이를 통해 디자인의 질과 효율성을 혁신적으로 높일 뿐 아니라 그 이면에 존재하는 본질, 즉 '왜'와 '어떻게'를 더 효과적으로 설명할 수 있다. 디자인 교육도 이와 같은 인공지능 크리에이티브 디렉터를 더 많이 배출할 수 있도록 진화해야 한다. 현재의 기술 중심적 사고에서 벗어나 창조적이고 비판적인 사고, 커뮤니케이션 능력 같은 영역을 강조해야 한다. 이런 접근이야말로 인공지능이 쉽게 대체할 수 없는, 인간만의 독특한 가치를 만들어내는 길이기 때문이다. 아래에서는 인공지능 크리에이티브 디렉터가 가져야 할 디자인 대원칙 7가지를 소개한다.

▮ 인간이 중심이 된 디자인

인간 중심이라는 가치는 디자인의 근원적 존재 이유라 보아도 무방하다. 이 가치는 인공지능 시대라 해도 변하지 않는다. 그렇기 때문에 선택의 순간에 인간의 존엄성을 최상위 가치에 두어야 하며, 그 과정에서 인간의 판단을 인공지능의 판단보다 우선해야 한다.

2 협업을 통한 디자인

인공지능을 바라보는 관점을 새롭게 확립해야 한다. 인공지능은 인간을 대체하거나 위협하는 존재가 아닌 협업의 동반자 혹은 툴로서 인간의 창의성과 생산성 향상에 도움을 주어야 한다.

3 신뢰를 바탕으로 한 디자인

생성형 인공지능이 몰고 올 과잉생산의 기조 속에서 무엇을 신뢰할지 판단하는 것은 대단히 중요하다. 사용자가 디자인이 제공하는 기능을 믿고 사용할 수 있어야 하며, 이로 인해 생성된 사용자 데이터를 안전하게 보호하는 장치들을 마련해야 한다.

4 다양성을 인정하는 디자인

인공지능은 디자인을 만드는 주체와 그 과정에서 학습한 데이터에 따라 얼마든지 편향된 결과를 가져올 수 있다. 다양성을 존중하고 한쪽으로 치우친 디자인을 하지 않도록 데이터의 수집과 학습 그리고 적용에 유의해야 한다. 또한 만들어진 결과물이 다양성을 배제한다면 이를 바로잡을 수 있는 대안적 디자인도 마련해야 한다.

5 지속 가능한 디자인

이제 더 이상 인공지능이 없는 세상으로 회귀할 수 없다. 그들과 어떻게 더 발전적 관계를 맺고 인간에게 도움이 되는 지속 가능한 접근법을 만들 수 있을지 고심해야 한다. 그리고 이를 바탕으로 끊임없이 점검하고 학습해 디자인을 발전시켜야 한다.

6 책임감 있는 디자인

인공지능으로 만들어낼 모든 디자인의 과정과 결과에서 사회적 책임을 배제해서는 안 된다. 디자인을 통해 인류에 보탬이 되는 긍정적인 일을 만들고, 그것이 사회에 미칠 영향을 폭넓게 고려해야 한다. 또한 인공지능을 활용함으로써 발생할 수 있는 자원의 과도한 소비 및 환경오염도 신경 써야 한다.

7 모두를 위한 디자인

인터넷은 이제 물, 공기와 같이 인간이 필수적으로 누려야 할 기본 권리가 되었다. 인공지능도 마찬가지가 될 것이다. 인공지능을 누구나 활용할 수 있고 또 그 혜택을 누릴 수 있도록 디자인해야 한다.

실패의 확률을
줄이는 디자인

▼

디자인에서 'Desire path'라는 말을 종종 사용하는데, 이는 공식적인 길이 아닌 사람들이 자주 다니는 경로를 따라 자연스럽게 생긴 길을 말한다. 사람들이 더 가깝거나 편리한 방향으로 다니면서 만들어진 것으로 공원이나 학교 같은 곳에서 어렵지 않게 볼 수 있다. 이는 원래 계획과 상관없이 실제 사용자들이 어떻게 공간을 이용하는지 잘 보여주는 현상이다. 한편, 제대로 된 계획이나 검증 없이 잘못 손대면 잘 돌아가던 기존 시스템도 완전히 망가지는 경우가 있다.

'명동 광역버스 노선별 줄서기 표지판'이 대표 사례다. 서울시는 명동입구 광역버스 정류소의 혼잡을 최소화해 교통 정체를 해결하려는 좋은 취지에서 승객들이 노선별로 줄을 서도록 안내하는 표지판을 설치했다. 하지만 이 조치가 오히려 승객과 운전기사 모두에게 혼란을 초래해 퇴근 시간대 교통 정체를 더 악화시켰다. 원래는 10분도 안 되는 거리가 1시간 넘게 걸리기도 하고, 버스 타기도 훨씬 복잡해져 서울시에 엄청난 민원이 쏟아졌다. 다행히 심각성을 빠르게 인지하고 새로 만든 표지판을 없애자 그제야 상황이 진정됐다. 물론 교통 체증 문제를 해결하기 위한 서울시의 노력이 잘못되었다는 뜻은 아니다. 하지만 사전에 검증되지 않은 방식이 얼마나 시민의 삶에 큰 영향을 끼치는지 알게 된 만큼, 앞으로 이러한 문제는 신중히 접근해야 한다. 이처럼 잘못 건드리면 원래보다 좋지 않은 결과를 만들기도 하는 사용자 경험을 어떻게 성공적으로 구축할 수 있을까?

■ 어떤 경우에서든 변수는 존재한다

디자인을 할 때는 '내가 디자인했지만 사용자 손에 넘어가는 순간, 내 생각과 다르게 움직일 수 있다'라는 가정을 전제해야 한다. 세세하게 신경 썼어도 미처 몰랐던 부분이 있거나, 설령 빈틈이 없었다 해도 사용자들이 원래 목적과 다르게 활용하는 경우도 많다. 간단한 예시로 차량 깜빡이가 있다. 왼쪽 깜빡이를 켜면 운전자가 왼쪽 차선으로 바꿔 주행하겠다는 뜻이다. 그런데 너무나 당당하게 오른쪽으로 핸들을 꺾는 운전자들이 존재한다. 이처럼 수많은 변수에서 사용자 경험은 완벽히 자유로울 수 없고, 그 스케일이 클수록 변수의 가능성도 커진다. 그런 만큼 디자인에서 변수를 완전히 제거하기보다 이를 예측하고 통제하는 방법을 도입하는 게 더 중요하다. 다른 차량의 갑작스러운 경로 변경에서 운전자를 보호하기 위해 경고 시스템 혹은 사고를 피하게 하는 제동 시스템을 제공하듯이 말이다.

 ▪ 모르면 물어보자

디자인을 할 때 체면이나 자존심은 잠깐 내려놓아야 하는 경우가 많다. 앞에서도 언급했듯이 생각과 다르게 높은 확률로 변수가 존재하기 때문이다. 아무리 디자인이 만든 이의 입장에서 좋아 보여도 다수의 사용자가 현재 방식에 불만이 있거나 다른 것을 원하면 그들의 기대에 부응해야 한다. 변수의 존재 혹은 사람들이 원하는 바를 알기 위해서는 내부에서만 논의하지 말고 적극적으로 사용자에게 물어봐야 한다. 그래서 프로덕트 디자인을 할 때 정식 출시를 위해 수많은 내부 테스트와 베타 테스트를 거치고, 출시 후에도 계속 사용자 테스트를 하며 검증과 개선을 하는 것이다. 이러한 작업을 하지 않으면 데이터 없이 개인적 경험으로만 판단을 내려야 하는데, 이는 '궁예의 관심법'과 별반 차이가 없다.

■ '넛지'를 활용하자

《넛지Nudge》는 리처드 탈러와 캐스 선스타인이 공동 저술한 책으로, 행동경제학을 바탕으로 한다. 이 책은 정부와 기업이 소비자의 선택을 자연스럽게 개선하고, 우리의 삶과 행복을 향상할 수 있는 방법으로 넛지를 소개한다. 넛지는 사람들의 선택을 유도하는 부드러운 개입을 뜻한다. 선택의 자유를 존중하지만 사람들이 더 나은 결정을 내릴 수 있도록 돕는 '선택 설계'의 중요성을 강조한다. 지하철 바닥에 그려진 발자국은 이러한 '넛지'식 디자인 디테일의 좋은 예시다. 지하철을 타기 위해 마구잡이로 서는 대신, 밖에서 기다리는 사람들을 양쪽 구석에 서도록 유도해 효율적인 승하차가 가능하도록 설계했다. 이처럼 작은 디자인 디테일은 사용자에게 선택권이 있지만 결과적으로는 설계자가 원하는 대로 행동을 유도해 모두가 혜택을 보게 한다. 이런 관점에서 본다면 아마도 명동 광역버스 정류장에 필요했던 것은 대대적 구조 개선보다 약간의 넛지였을지 모른다.

AI와
가속도의 법칙

▼

오픈AI가 2024년 초 공개한 SORA를 보고 한동안 어안이
벙벙했다. SORA는 사용자가 입력한 텍스트를 영상으로 만
들어주는 생성형 AI 툴인데, 그 영상의 퀄리티가 상상을 초
월할 정도로 뛰어나다. 이 툴의 컨셉 자체는 특이할 것이 없
다. 생성형 AI 텍스트나 이미지 혹은 음악 등이 우리 실생활
전반에 사용되기 시작했고, 텍스트 기반의 AI 영상 제작 툴
이 이미 2023년 실제 광고에서 활용되었기 때문이다. 그렇
기에 새로운 영상 생성 AI는 그리 특별한 소재가 아니었다.

하지만 이 기술의 발전 속도는 놀라웠다. 1년 전 배우 윌 스미스가 스파게티를 먹는 영상이 생성형 AI로 만들어져 화제를 모았다. 영상 속 인물이 윌 스미스인 것은 알겠으나, 그의 모습과 연결 동작 등은 대단히 조악했다. 만들다가 만 클레이 애니메이션 괴물처럼 영상의 모든 동작과 프레임이 어그러져 있었고, 한번 재미 삼아 볼 수준이었다. 하지만 그 후 불과 1년 사이에 얼핏 보면 실사에 가까운 영상을 텍스트 입력만으로 만들어낼 정도로 기술이 발전했다.

사람의 눈은 조금만 이상해도 쉽게 눈치챌 만큼 고도로 발달해 있다. 그래서 과거 3D 애니메이션 회사들은 캐릭터를 만들 때 실제 사람과 비슷하게 구현하는 것을 포기하고, 오히려 과장된 형태나 아예 사람이 아닌 다른 생명체로 대체했다. 사람의 모습은 사람이 가장 잘 알기에 허점을 찾기가 너무 쉬웠고, 조금만 이상함을 감지해도 극 자체의 몰입감이 깨졌기 때문이다. 그런데 SORA에서 소개한 영상들은 자세히 보지 않으면 어색한 부분을 찾기가 어려운 수준이다. 물체의 형태나 질감 그리고 빛의 적용 등 물리적인 부분까지도 지금껏 우리가 알던 인공지능이 맞나 싶을 만큼 정교하게 묘사했다. 물론 이전 텍스트 투 이미지(Text-toimage) 생성기에서부터 이슈가 되었던 부자연스러운 손이나 사람들이 미끄러지듯이 걷는 모습처럼 어색한 부분이 존재한다. 하지만 이를 감안하고 봐도 일반적인 스톡 영상 정도는 충분히 커버하고도 남을 퀄리티다.

지금부터 몇 년 후에는 인공지능이 얼마나 더 대단한 영상을 만들어낼까? 앞서 언급한 어색한 손이나 움직임도 인공지능은 단시간에 해결할 것이다. 그뿐 아니라 3D 렌더링이 더해져, 텍스트 입력만으로 직접 그 안에 들어가 즐기는 하나의 가상 세계가 탄생할 수도 있다. 특히 게임이나 영화에서 사용되는 일이 점점 더 많아질 전망이다. 이를 통해 수많은 창작물이 쏟아져 나올 것을 생각하니 한편으로 기대가 되기도 한다.

$F=ma$, 힘은 질량 곱하기 가속도다. 인공지능 기술이 크게 발전하고 스케일 또한 방대하다(질량)는 것은 이미 모두가 인지하고 있다. 하지만 우리가 눈여겨봐야 할 점은 SORA처럼 엄청난 발전 속도(가속도)다. 그리고 이 둘을 합쳤을 때 인공지능이 얼마나 큰 파괴적 혁신(힘)이 될지는 불보듯 자명한 일이다. 세상이 변하고 있다. 꽉 잡아라.

인공지능 시대,

'미친 퀄리티'가 답이다

▼

"우리가 추구하는 것은 '미친 듯한 훌륭함Insanely great'이다."
애플의 창업자 스티브 잡스가 항상 하던 말이다.

인공지능의 부상이 디자인 산업에 큰 영향을 미칠 것은
분명한 사실이다. 특히 인공지능이 가져올 상향(경우에 따라
하향) 평준화는 기존의 다양했던 퀄리티 스펙트럼에 양극화
를 일으켜 그럭저럭 쓸 만한 '적당한 퀄리티'와 엄청나게 훌
륭한 '미친 퀄리티' 2가지로 나뉠 것이다. '적당한 퀄리티'의
디자인은 일반인의 영역이 되고, 디자이너들은 '미친 퀄리

티'의 싸움으로 넘어간다. 인공지능은 전문 디자인 업체에서 나올 수준의 작업을 단 몇 시간 만에 일반인도 만들 수 있도록 도와준다. 이 결과물은 개인 용도를 넘어 업무적으로 활용되거나 심지어 일반 소비자들에게까지 어필하는 형태로 진화할 것이다. 그리고 이는 낮은 퀄리티 디자인의 상향 평준화로 이어진다. 텍스트와 이미지의 간단한 입력만으로 로고나 소셜미디어 게시물 같은 디자인 요소를 생성하는 인공지능 툴을 쉽게 찾아볼 수 있듯이 말이다.

인공지능 시대 디자이너의 목표는 '미친 퀄리티'여야 한다. 그렇지 않다면 비디자이너와 디자이너 사이의 경계는 무의미해진다. 미친 퀄리티에 도달하려면 창의성 및 전략적 사고와 같은, 인공지능이 쉽게 복제할 수 없는 인간만의 고유한 능력이 절대적이다. 또한 일반 수준에서 만족해 작업을 완료하거나 디자인 툴의 숙련도를 쌓는 데 목표를 두어서도 안 된다. 사고의 틀을 깨는 법, 생각을 언어로 구현하는 법, 디자인 프로세스를 활용해 디자인을 발전시키는 법, 다른 사람들과 일하는 법 그리고 인공지능과 함께 일하는 법을 배워야 한다. 마치 과거 그리스 철학자들이 사물의 본질을 깨우치기 위해 수많은 대화를 거쳤듯이, 우리는 인공지능과의 대화를 통해 생각을 발전시키고 이를 바탕으로 디자인을 개념적 존재에서 보고 만지고 사용할 수 있는 실존적 존재로 승화해야 한다. 또한 디자인의 성패를 가르는 기준은 큰 부분이 아닌 디테일에서 온다는 점을 명심해야 한다. 결국 상상 속 아이디어를 실현하는 데 그치지 않고, 남들이 따라오기 힘든 디테일을 더해 한 단계 업그레이드한 디자인만이 사용자들을 감동시킬 수 있다.

그러나 한편으로는 인공지능이 가져올 파괴적 혁신에 우리가 너무 걱정만 하는 것은 아닐까? 자동차를 운전할 수 있다고 해서 모두가 F1 드라이버가 되는 것은 아니다. 디자이너에게 그 어느 때보다 성능 좋은 무기가 생겼는데, 일자리를 뺏길까 봐 걱정만 하고 있을 필요는 없지 않은가. 그 무기를 잘 활용해 훨씬 더 훌륭한 '미친 퀄리티'의 디자인을 만들면 된다. 미리부터 너무 겁먹지는 말자.

디자인에　한계는 없다

▼

10년 전, 오랜 시간 동경하던 카림 라시드Karim Rashid의 뉴욕 사무실에 초대받아 간 적이 있다. 그의 사무실에서 2시간 넘게 이야기를 나누었는데, 특히 그의 디자인 철학을 직접 들을 수 있어 좋았다. 나는 항상 그가 한 분야가 아닌 건축, 인테리어, 패키징, 그래픽 등 수없이 다양한 분야에 도전하는 이유가 무엇인지 궁금했다. 카림에게 그 이유를 묻자, 그는 명쾌하게 대답했다. "내 디자인에 한계 따위는 없기 때문입니다."

디자인이란 무엇일까? 개인적으로 생각하는 디자인이란 그 자체가 목적 혹은 결과라기보다 무언가를 더 발전시키는 행위 즉, '수단'이자 그렇게 해야 하는 '이유'에 가깝다. 주어진 환경과 지향하는 목표가 달라짐에 따라 디자인도 함께 변화해야 한다. 세상 만물이 클라우드를 통해 서로 연결되고 인공지능이 인간의 행동을 대신할 수 있게 되었다. 사용자가 디스플레이를 손에 들고 있지 않아도 눈앞에 증강현실AR 유저 인터페이스UI가 나타나거나, 가볍게 머리에 쓰는 장치만으로 공간의 제약에서 벗어나게 해주는 놀라운 혼합현실MR 기기가 대중 앞에 선보이고 있다. 이러한 기술 모두 최근 10년 사이에 비약적인 발전을 이룬 만큼, 급격한 변화에 사람들은 어떻게 대응해야 할지 몰라 혼란스러워하고 있다. 이런 상황에서 디자인은 현재를 살아가는 사람들과 앞으로 우리가 나아가야 할 지향점을 이어주는 '선' 역할을 해줄 수 있다. 구형 휴대폰 단말기가 스마트폰으로 진화하며 디지털 생태계가 큰 변화를 겪었을 때, 사용자 경험UX 디자인의 발전이 새로운 플랫폼의 대중화와 고도화를 도운 것처럼 말이다. 또한 앞으로 증강현실이나 인공지능 중심의 운영체제OS를 우리 삶이 더욱 향상되는 방향으로 구성하는 일도 모두 디자인의 역할이다.

이러한 기술의 속성은 발전을 멈추지 않는다는 것이다. 지금 내가 아는 디자인 지식이나 고정관념 혹은 디자인 툴을 다루는 기술 등은 계속 대체되어 가고, 그 주기도 점점 빨라지고 있다. 그런 만큼 과거의 기준으로 정해진 디자이너의 정체성과 역할 규정을 우리가 관성처럼 따를 필요는 없다. 그렇다면 이 시대에 디자인을 바라보는 올바른 관점은 무엇일까?

■ 디자인은 살아 숨쉬는 유기체다

그 어떤 문명과 예술 사조도 영원하지 않으며, 이는 디자인도 마찬가지다. 제국이나 문화의 흥망성쇠와 함께 변화하고, 사람들의 취향에 따라 탄생하거나 사라지기도 한다. 기술의 발전이 새로운 트렌드를 만들며 유행을 완전히 바꾸기도 한다. 끝난 유행이 세월이 지나 다시 전성기를 맞이하는 경우도 있다. 하지만 완벽히 동일한 게 아니라 과거를 기반으로 한 새로운 트렌드의 탄생에 가깝다. 1990년대의 3D 스타일 로고들을 밀어내고 마치 영원할 것만 같았던 심플하고 플랫한 디자인 로고들은 2020년대 중반부터 다시 복잡하고

난해한 혹은 레트로한 방향으로 변화하고 있다. 따라서 내가 현재 추구하는 디자인이 절대 불변의 가치라 여겨서는 안 되며, 태어나고 자라서 노후해 사라지는 유기체적 사이클을 가진다는 사실을 명심해야 한다. 그렇기 때문에 우리는 디자인을 공시적共時的으로 이해해야 하지만, 통시적通時的으로 진화의 흐름에서 파악하는 일도 중요하다.

▪ '왜'가 중요하다

'디자인이 예쁘다' '디자인이 쓸모 있다'와 같이 디자인이라는 단어를 결과론적으로 사용하지 않는 이상, 앞서 말한 문제 해결의 수단 혹은 연결의 매개체가 디자인의 본질이라 생각한다. 내가 지금 쓰는 툴이나 장식 요소가 뛰어나다고 해서 그것이 당신의 영원한 무기가 되지는 않는다. 이는 인공지능 역시 마찬가지다. 본질적이지 않은 것들은 시류에 따라 변하는 트렌드일 뿐이기 때문이다. '왜'라는 물음에서 시작해 '누구'를 '무엇'으로 '어떻게' 도울 것인지가 기본이 되는 문제 해결 능력이 중요하다. 특히 인공지능의 발전으로 기술 및 빠른 결과물 도출이 상향 평준화를 이루는 지금, 기계의 힘을 빌린 결과물에서 가장 중요한 점은 결국

'왜 그렇게 생각했는가'이다. '왜'를 뒷받침할 논리, 맥락, 지향점을 모두 갖추는 능력이 앞으로 더 디자이너들에게 요구될 것이다.

▪ 디자인에 한계는 없다

개인적으로 대니얼 데이 루이스Daniel Day-Lewis의 연기를 대단히 좋아한다. 출연한 모든 영화에서 그는 본인이 맡은 인물 그 자체가 되어버린다. 그는 한 인터뷰에서 자기 연기를 회상하며 "자아를 잃어버릴 때가 가장 즐겁습니다"라고 말했다. 그리고 이렇게 덧붙였다. "다리를 절고 콧수염을 기른다고 되는 게 아닙니다. 본질을 깊이 통찰해야만 이룰 수 있습니다." 나는 디자인이 이와 크게 다르지 않다고 생각한다. 디자인에 대한 본질적인 통찰 그리고 제대로 된 이해를 바탕으로 프로젝트에 접근해야 내 영역과 한계를 넓혀 나갈 수 있다. 특히 기술적 장벽은 인공지능의 힘으로 나날이 낮아지고 있다. 더 이상 '만들 줄 모른다'라는 말은 변명이 되지 못한다. 변화가 우리 삶의 일부임을 명심하고 '왜'라는 본질적 물음에 충실하다면, 당신에게 디자인의 한계는 존재하지 않을 것이다.

인간의 대체에서

인간의 확장으로

▼

한 남성이 옥상에서 검은 정장을 입은 이들과 대치한다. 순간 그를 향해 총알이 발사되고, 빠르게 몸을 비틀며 총알을 피하는 화려한 액션이 화면을 가득 메운다. 더 워쇼스키스가 만든 영화 〈매트릭스〉의 한 장면이다.

〈매트릭스〉는 영화사에 길이 남을 명작으로, 당시 기준에서 혁명적인 카메라 워크, 3D 효과가 동원되었다. 하지만 많은 사람이 열광한 가장 큰 이유는 영화 이면에 깔린 철학 때문이었는데, 현실과 환상의 경계 혹은 인간의 본질과 자유의지에 심도 있는 질문을 던졌다.

〈매트릭스〉는 주인공인 '네오'와 인류의 대척점에 선 존재인 인공지능의 대결을 통해 이러한 철학적 질문에 대한 통찰을 보여주었다. 장 보드리야르Jean Baudrillard가 쓴 《시뮬라시옹Simulacres et Simulation》은 〈매트릭스〉에 가장 큰 영향을 준 책이다. 이 책의 핵심 논점은 현대 사회에서 가상 실재인 시뮬레이션(시뮬라시옹)이 현실을 대체하고, 실재와 시뮬레이션의 구분이 점차 모호해지는 초현실적 세계로 나아가고 있다는 것이다. 이 책은 현실이 점점 더 시뮬레이션을 통해 매개되고 도전받는다고 주장한다. 실제로 AI가 인간의 지능과 행동을 모방하면서 인류의 독창성과 가치에 도전하고 있다. 딥페이크, 챗봇, 자율주행 등의 기술 발전이 인간과 기계의 경계를 흐리게 만드는 것을 보면, 보드리야르의 예언적 경고처럼 가상의 바다에서 실재를 잃어갈 수도 있다는 두려움이 든다. 〈매트릭스〉와 《시뮬라시옹》에 담긴 이러한 문제들은 인공지능의 발전으로 인류의 정체성에 대한 근본적 물음이 이어지는 지금, 우리에게 시사하는 바가 크다.

개인적으로 인공지능이 〈매트릭스〉처럼 인류를 살아 있

는 배터리로 배양할까 걱정하지도, 네오 같은 초월적 인물이 세상을 구해주길 바라지도 않는다. 하지만 인공지능의 발전이 인류의 가치를 훼손하거나 통제되지 않는 방식으로 변화하지 않도록 주의를 기울일 필요는 있다. 마치 원래 프로그램 의도에서 벗어나 악성 변종이 되어버린 '스미스 요원'처럼 인간과 인공지능 세상 모두를 위협하는 존재가 후에 등장할 수도 있다. 그렇기에 인공지능 대변혁의 서막이 열린 지금, 기술과 인간 사이의 관계를 고찰하고, 우리의 인식을 재구축할 필요가 있다. 특히 시대의 혼란과 불확실성 속에서 인간이 추구할 가치와 윤리를 재확인하고, AI의 발전이 인간의 복지, 창의성, 공감 능력, 자기 결정권을 증진하도록 기본 프레임워크를 구축해야 한다.

분명 인공지능은 무한한 시뮬레이션을 만들 수 있지만, 반대로 무엇이 실제인지 가리는 기술도 비등하게 발전할 수 있다. 또한 인공지능은 의료, 교육, 예술, 거버넌스 등 인간 삶의 다양한 측면을 혁신할 수 있는 잠재력을 갖고 있다. AI와의 협업을 통해 인간의 인지 능력과 창의력을 확장하고 새로운 혁신과 탐구의 길을 개척할 수 있다. 이러한 협업은 AI의 잠재력과 한계를 명확히 이해하고, 기술이 인간을 대체하는 게 아니라 인간의 능력을 확장하는 방향으로 진행되어야 한다.

인류가 본연의 가치를 지키며 인공지능을 발전 파트너로 받아들인다면 기술이 인류의 장점을 증폭시켜 인간다움의 본질을 강화하고, 번영하는 미래를 만드는 데 기여할 수 있다. 그렇게 된다면 우리는 어쩌면 임계점을 지나 이전 인류와 구분되는 신인류로 진화할지 모른다. 영화에서는 네오와 매트릭스 세상을 만든 인공지능 아키텍트가 협력하여 스미스 요원을 함께 무찌르고 새로운 세상을 열었다. 이처럼 〈매트릭스〉 속 숨겨진 메시지는 인공지능과 인간이 서로를 인정하고, 가장 인간적인 방식으로 함께 번영을 모색해야 한다는 말이 아닐까.

비효율을 향해 나아가다

▼   아티스트 장 줄리앙

장 줄리앙Jean Jullien은 최근 한국에서 매우 사랑받는 일러스트레이터이자 아티스트로 꼽힌다. 따뜻함과 유머가 뒤섞인 그의 작품이 어디서 출발했는지, 인공지능이 인간의 본원적 가치인 예술에 어떤 영향을 끼치는지에 관해 함께 이야기를 나눴다.

서울 DDP에서 열린 〈장 줄리앙: 그러면 거기〉는 지난해 한국에서 크게 성공한 대중전시 중 하나다. 작품의 퀄리티와 규모 모두 한국을 넘어 세계가 주목할 만큼 멋진 전시였다. 지난해 한국을 방문했을 때 가보았는데, 개인적으로 큰 감동을 받았다. 장 줄리앙의 그림은 사람을 끌어당기는 묘한 매력이 있다. 멋짐, 강렬함, 부드러움, 섹시함 등 다양한 매력을 가지고 있는데, 그중에서도 크게 2가지가 두드러진다. 사람 냄새와 유머러스함. 전시 관람 이후 계속 떠나지 않던 이 여운을 작가 인터뷰를 통해 심층적으로 알아보고 싶었다. 현재 파리에 있는 그와 시간을 맞춰 인터뷰를 진행했다.

이상인(이하 이) 반갑다. 시간을 내어주어 진심으로 고맙다.

장 줄리앙(이하 장) 나도 반갑다. 인터뷰에 초대해주어 고맙다.

이 지난해 DDP 전시를 직접 봤는데, 그 규모와 퀄리티가 최근 본 어떤 전시보다 훌륭했다.

장 고맙다. 특히 한국 팬들이 내 작품을 많이 좋아해줘서 이에 보답하고 싶었다.

이 당신은 세계적으로 인지도가 굉장히 높지만 그중에서도 한국 팬들의 사랑이 눈에 띈다. 한국 사람들이 당신의 작품에 열광하는 이유가 무엇이라 생각하나?

장 여러 이유가 있겠지만, 나는 항상 내 주변에서 사람들이 공감할 만한 것을 작품 소재로 활용한다. 가족, 육아, 친구처럼 말이다. 이런 요소들이 보는 이에게 '어, 나도!'와 같은 공감을 이끌어내는 게 아닐까 한다. 또 한국에서 나와 함께해주는 팀의 역량도 큰 역할을 하는 것 같다.

이 확실히 당신의 작품을 보면 어느새 나 자신을 작품에 투영하고 있어 놀라곤 한다. 당신 작품에서 또 다른 특이점은 유머러스함이라 생각한다. 유머를 작품에 반영함으로써 추구하는 의미나 방향이 있나?

장 꼭 그런 것은 아니다. 나는 기본적으로 재미있는 것을 좋아하는데, 아무래도 내가 자라온 환경 영향이 큰 듯하다. 나는 '낭트'라는 도시에서 태어났다. 어머니는 건축가 겸 큐레이터셨고, 아버지는 공무원이셨다. 유년 시절 가족에 대한 기억은 행복과 웃음으로 채워져 있다. 가족과 함께하는 식사, 형제들과 즐기던 놀이까지 늘 웃음이 끊이질 않았다. 부모님은 나와 동생이 어릴 때부터 다양한 삽화가 그려진 책이나 영화를 보여주셨다. 주체적으로 일할 수 있도록 응원해준 가족의 분위기가 내가 아티스트로 성장하면서 작품에 자연스럽게 반영된 듯하다. 내 동생 니콜라는 조각가인데, 성인이 된 지금까지도 우리는 함께 재미있게 작업한다. 지난 DDP 전시에도 우리가 함께 만든 작품들이 걸렸고, 우양미술관에서 선보일 추가 작품도 함께할 예정이다.

이 당신 말을 듣고 나니 작품을 바라보는 관점과 결과물 모두 장 줄리앙이라는 사람 자체가 우러나온 것이란 생각이 든다. 자라온 환경 외에 또 어떤 점들이 작업 스타일에 영향을 끼쳤나?

장 다양한 팝 문화에서 영감을 받았다. 또 자라오며 접했던 1980~90년대 미국과 일본 애니메이션, 롤플레잉 게임 등이 큰 영향을 주었다.

이 확실히 우리 같은 1980년대생에게 큰 영향을 끼친 장르들인 것 같다. 가장 좋아하는 만화나 애니메이션은 무엇인가?

장 《드래곤볼Z》, 《시티헌터》 등 다양한 작품을 좋아했고 여전히 즐긴다.

이 이런 작품들이 당신을 아티스트의 길로 이끌었나? 어떤 계기가 있었나?

장 특별한 계기가 있었다기보다, 난 언제나 그리는 것을 좋아했다. 대학에서 그래픽디자인을 공부했는데, 단순하

게 컴퓨터로 무언가를 제작하기보다는 손으로 직접 그
리거나 만들고 이를 재가공하는 데 많은 흥미를 느꼈다.
사진을 찍고 이를 오려내 검은색으로 외곽선을 두껍게
칠하고, 다시 사진으로 찍으며 실험하기도 했다. 이런
일련의 과정들이 현재 내 그림 스타일에 많은 영향을 주
었고, 계속하다 보니 결국에는 이 길로 들어서게 됐다.

이 손으로 만드는 행위 자체를 대단히 즐기는 것 같다. 그
렇다면 이와 관련 있지만 사실 반대되는 질문을 하나 하
겠다. 요즘 인공지능을 활용한 아트가 엄청난 화제를 모
으고 있다. 인공지능 아트야말로 작가가 손으로 무언가
를 만드는 일과 반대되는 방식인데, 이에 대해 어떻게
생각하나?

장 무서워 죽을 지경이다. 아티스트를 떠나 한 개인의 관
점에서 바라봤을 때 인공지능의 출현은 의료나 공익 목
적으로 사용하면 사회 여러 측면에서 도움이 될 것이
다. 하지만 문화적 측면에서는 앞으로 인공지능이 어떻
게 사람들의 삶에 영향을 미칠지 두고 볼 필요가 있다.
효율성을 추구하는 것은 인간의 본성과 연관이 있지만,
문화는 비효율성과도 연결된다. 개인적으로 예전에 하

던 디자인에서 현재의 아트 영역으로 들어온 이유 중 하나도 효율성만 추구하는 데서 벗어나고 싶었기 때문이다. 커뮤니케이션 디자인이란 정해진 목적을 이루기 위해 효과적인 방법을 추구하는 것인데, 인공지능은 효율성 측면에서 인간보다 뛰어나므로 이를 커뮤니케이션 디자인에 활용했을 때 큰 효과가 있으리라 생각한다. 예를 들어 내가 원하는 키워드를 조합해 인공지능에게 이미지를 만들라고 시키면 이에 상응하는 수많은 이미지가 빠르게 도출된다. 반면에 예술은 작가의 의도를 바로 이해하기 어려울 수 있고, 이를 파악하기 위해 보는 이에게 적지 않은 지적 노동을 요구한다. 커뮤니케이션 디자인은 전달하려는 메시지를 보는 이가 즉각적으로 이해할 수 있어야 하지만, 예술은 작품에 담긴 미묘한 감정의 다중 레이어를 해석하는 일이 중요하다. 그렇기 때문에 나는 비효율을 추구한다.

이 개인적으로 인공지능과 관련해 나누었던 대화 중 가장 흥미로운 관점이라 생각한다. 나는 디자이너고 빅테크 기업에서 효율성을 향상하는 작업에 많은 시간을 쏟는다. 그래서 단 한 번도 무언가를 비효율적으로 만들려는 생각을 해본 적이 없다.

장 비효율성을 향해 한 걸음씩 나아가는 게 내가 추구하는 방향이다.

이 맞다. 모든 것이 효율적일 필요는 없다.

장 효율성만 추구하면 지루하다. 우리는 기계가 아니다. 기계가 잘하는 것은 기계에 맡기고, 우리는 생각하고 서로 대화하며 즐거움을 찾아야 한다.

이 인공지능의 등장으로 아티스트가 사라질 수 있다고 생각하나?

장 아티스트가 인공지능 때문에 사라질 것 같지는 않지만, 기계처럼 효율성 혹은 발전에만 초점을 맞춘 부분들은 어쩌면 기계에 자리를 내놓을지도 모른다. 하지만 여전히 아트 본연의 질문에 집중하는 작업들은 계속된다고 생각한다. 인공지능에 대한 당신의 생각은 어떠한가?

이 개인적으로 인공지능이 디자이너를 완벽히 대체할 수 있다고 생각하진 않는다. 디자이너가 가진 가장 큰 힘인, 무언가를 잇고 또 섞는 능력 때문이다. 효율성을 최대화하는 부분에선 인공지능을 활용하고, 그 결과물을 적절히 믹스해 새로운 것을 만드는 일이 앞으로 디자이너가 나아가야 할 방향이라 생각한다.

장 정확하다. 인공지능에 전적으로 의존하는 대신 깊이 사유하여 결정을 내리고 이를 잘 다스리는 방법으로 디자인한다면 충분히 재미있고 창의적인 작업들이 나올 것이다.

이 이처럼 많은 변화가 일어나고 있는 세상에서 현재 아티스트로 살아가는 사람들 혹은 앞으로 아티스트로 살고 싶은 사람들에게 어떤 조언을 해줄 수 있나?

장 '진전 Progress'과 '개선 Improvement'은 비슷하지만 결이 다르다고 생각한다. 인류가 많은 경제적·산업적 발전을 이룩하기도 했지만, 기후변화 및 여러 국제적 갈등에 계속 고통받고 있지 않은가. 우리가 한 방향으로만 높고 빠르게 치닫는 것이 어쩌면 파국으로 향하는 지름길일지도 모른다. 그렇다면 한 방향으로 빠르게 가는 대신, 잠시 멈춰서 수많은 방향을 향해 다양한 속도로 가는 법을 고려해봐야 한다. 특히 요즘 소셜미디어를 보면 한쪽으로 확증편향되는 일이 너무 많다. 알고리즘이 떠먹여주는 데 익숙해지고, 여러 증오 발언에 과한 힘이 실리기도 한다. 이렇게 편중이 심한 하나의 거대 문화만 좇

지 않고, 작게 나누어진 다중 문화를 추구하는 일도 중
요하다고 생각한다. 그 안에서 서로가 서로에게 더 친절
히 대하고, 귀를 기울일 수 있기 때문이다.

이 인류애적인 관점에서 예술을 바라보라는 뜻으로 들린다.
이는 비단 아티스트뿐 아니라 우리 모두에게 적용되는
말인 것 같다.

장 그렇다.

　개인적으로 장 줄리앙의 작품을 볼 때면 언제나 미소가
지어진다. 인터뷰 후 그 이유를 확실히 알 수 있었다. 장 줄
리앙이 따뜻한 시선과 마음을 지닌 사람 냄새 나는 작가였
기 때문이다. 그의 따뜻한 작품들은 인공지능 시대를 살아
갈 많은 이에게 인공지능과 싸우지 않고도 이기는 법을 제
시해주는 듯한 느낌이 들었다. 성황리에 막을 내린 그의
DDP 전시는 〈여전히, 거기〉라는 이름으로 경주 우양미술
관에서 다시 이어졌다.

성공한 디자인의 요건은 책임감

▼   전 마이크로소프트 CVP 앨버트 샴

나이키와 마이크로소프트에서 세계적인 디자이너로 활동하던 앨버트 샴Albert Shum이 지난해 말 현직을 떠나겠다고 선언해 화제가 됐다. 디자인계의 레전드를 직접 만나 좋은 디자인, 미래를 위한 디자인의 요건을 물었다.

애플에 조니 아이브가 있다면, 마이크로소프트에는 앨버트 샴이 있다. 그는 나이키에서 15년간 프로덕트 이노베이션 디자인을 맡아 화려한 커리어를 쌓았고, 아이폰 1세대가 공개됐던 2007년 마이크로소프트에 입사했다. 2022년 말까지 윈도 및 디바이스 등 마이크로소프트 주력 비즈니스의 디자인 총괄을 지낸 그는 마이크로소프트의 중흥을 함께 리드한 디자인계의 권위자로 꼽힌다. 그런 그가 지난해 말 현업 은퇴를 선언하며 30년간 디자이너로서 쌓아온 커리어를 마무리 지었다. 세계 최고 기업의 디자인 수장으로서 그가 걸어온 길과 앞으로의 행보가 궁금하여 지난해 12월 시애틀의 한 카페에서 만나 이야기를 나누었다.

이상인(이하 이) 앨버트, 오랜만이다. 반갑다.

앨버트 샴(이하 샴) 반갑다. 우리가 직접 만나는 건 2년 만인가?

이 그렇다. 코로나 직전에 마이크로소프트 사무실에서 본 게 마지막이니 2년 조금 넘었다.

샴 세월이 참 빠르다. 코로나가 우리 삶을 이렇게 바꿔놓은 것을 보면 참 신기하다. 디지털 시대 이전에 이런 전염병이 인류를 덮쳤다면 속수무책으로 당했을지 모른다. 정상적인 생활 자체가 어려웠을 것이다. 하지만 지금은 온라인 미팅이나 협업 툴이 있으니 직접 만나지 않더라도 이렇게 삶과 일을 지속해나갈 수 있지 않나?

이 공감한다. 이제야 조금씩 사람들이 사무실로 돌아가고 있지만 새로운 세상이 열린 듯하다. 그건 그렇고, 마이크로소프트의 디자인 CVP(총괄부사장) 자리에서 은퇴한 소감은 어떠한가?

삼 이제는 다음 제품 출시나 업데이트를 걱정하지 않아도 된다. 몇십 년 만에 여유를 갖고 무언가를 바라볼 수 있어 좋다. 내 링크드인 프로필도 'Flâneur Experience Designer'로 유머러스하게 바꿔놓았는데, 프랑스어 플라뇌르(Flâneur, 산책, 한가롭게 거니는 사람)가 뜻하는 바가 좋아서다. 이 단어처럼 현재는 한 발짝 떨어져서 급하지 않게 무언가를 즐기는 여유를 갖고자 한다.

이 지금은 여유를 말하지만 얼마 전까지만 해도 당신은 정말 바쁜 삶을 살았다. 마이크로소프트의 디자인 헤드로 지내며 전 세계 사람들의 일상에 큰 영향을 끼치는 수많은 프로덕트 디자인을 진두지휘했다. 또 마이크로소프트에 오기 전에는 나이키에 오랜 시간 몸담았다. 나를 포함한 많은 후배 디자이너가 당신의 커리어를 궁금해할 텐데, 하나씩 이야기해보자. 먼저 나이키에선 어떤 일을 했나?

삼 나이키에서도 다양한 프로젝트를 맡았다. 일종의 프로덕트 이노베이션, 즉 새로운 형태의 접근법을 선보이고 이를 담은 제품들을 제시하는 팀을 이끌었다.

이 나이키 하면 그때도 지금도 이노베이션의 상징과 같은 곳인데, 기억에 남는 프로덕트가 있다면?

샴 나이키는 창조적인 아이디어뿐 아니라 문화와 연결의 힘을 믿는 곳이다. 나는 그곳에서 운동하는 사람들이 스포츠를 즐기는 경험을 향상하는 작업을 맡았다. 개인적으로도 달리기를 잘하지 못하는데, 그저 지루하게 달리는 것만큼 고역인 일도 없다고 생각했다. 그래서 어떻게 하면 달리기를 더 재미있게 할 수 있을까 상상했고, 음악 듣기로 생각이 미쳤다. 당시에는 워크맨이나 CD플레이어가 걷기만 해도 튕겨서 재생이 멈추고, 몇 곡 담을 수도 없어 운동하며 음악을 듣는다는 게 쉽지 않았다. 그런데 MP3가 세상에 나왔다. MP3는 가벼운 데다 중간에 튕기지도 않았다. 음악을 듣는 새로운 방식을 제시해 준 것이다. 여기서 가능성을 발견해 세계 최초로 러닝을 위한 MP3를 만들었다. 이를 기점으로 운동을 하며 음악 듣기를 넘어, 다양한 운동 데이터를 수집하고 이 데이터를 시각화해 사용자들에게 운동의 즐거움과 동기를 주는 여러 프로덕트를 출시했다.

이 당시 나왔던 퓨얼밴드 같은 것들 말인가? 정말 혁신적인 웨어러블 기기였다고 생각한다.

샘 정확하다. 이때는 핏비트나 애플워치가 등장하기 훨씬 전이었다. 기술과 문화 디자인이 합쳐졌기에 나올 수 있었던 제품들이라 생각한다.

이 그렇다면 어떤 계기로 나이키에서 마이크로소프트로 이직하게 되었나?

샘 나이키에서 여러 일을 하던 중 마이크로소프트에 근무하는 친구에게서 연락이 왔다. 그때 마이크로소프트가 디자인과 컨슈머를 중점으로 연구하는 파이오니어 스퀘어 스튜디오를 만들고 있다는 말을 들었다. 나이키에서 스포츠와 테크놀로지에 대해 많은 것을 배웠지만, 어떻게 하면 더 근원적인 기술들을 활용해 훨씬 큰 스케일의 일을 할 수 있을까 궁금했다. 이 디자인 스튜디오는 '엔터테인먼트&디바이스'라는 그룹에 속해 있었는데, 여기에는 엑스박스Xbox와 모바일기기 팀 등이 있었다. 특히 아이폰을 시작으로 스마트폰 시대가 본격적으로 열리고 있던 때라 마이크로소프트로 옮기게 되었다.

이 맞다. 그때부터가 본격적인 모바일 시대의 개막이었다. 수많은 애플리케이션이 쏟아져 나오고 거대 기업들이 본격적으로 OS 경쟁에 나섰던 것으로 기억한다. 실제로 당신도 윈도폰의 디자인을 책임지는 헤드이지 않았나?

샴 그렇다. 아이폰과 안드로이드폰이 급성장하기 시작했지만, 당시만 해도 윈도폰은 스마트폰이라기보다 컴퓨터를 작게 만든 것에 지나지 않았다. 블랙베리가 장악하고 있던 시장도 엄청났다. 특히 키보드가 스크린 밑에 붙어 있는 그들의 시그니처 디자인에 많은 사람이 익숙해져 있었다. 디자인 특히 이 경험 디자인이라는 일이 정말 쉽지 않은데, 새로운 기능을 만드는 게 전부가 아니기 때문이다. 현재의 경험을 어떻게 바꾸게 할 것인가도 중요하다. 당시 아이폰이 대단한 점은 블랙베리 스타일의 경험에 익숙한 사람들을 터치와 스와이프, 핀치 같은 새로운 사용자 경험으로 넘어오게 만들었다는 사실이다. 그 이후로 디지털 디자인에 다양한 움직임과 디테일이 추가되면서 단순히 멈춰진 하이퍼링크들이 아니라 살아 있고 움직이는, 서로 교감하는 방식으로 진화했다.

이 그렇다. 사용자와 디바이스가 상호작용하는 새로운 형태의 경험이 펼쳐지게 됐다.

샴 윈도폰을 처음 만들 때도 이러한 진화를 담아낸 디자인 시스템이 필요했다. 당신도 디자인 시스템의 전문가인 만큼 그 중요성을 잘 알 것이다.

이 프로덕트의 전체적인 맥락을 유지하고 확장이 가능하려면 디자인 시스템은 선택이 아닌 필수라고 생각한다.

샴 그렇다. 그래서 처음에 윈도폰을 만들 때 '에어포트Air-port'라는 이름의 디자인 시스템을 적용했다. 당시 디자인 작업이 공항의 규격화된 아이콘이나 정보처리 그래픽 같은 느낌이었기 때문이다. 그러나 우리 팀은 이탈리아의 전설적인 디자이너 마시모 비넬리Massimo Vignelli가 만든 뉴욕 지하철을 위한 그래픽 스탠더드 매뉴얼Graphics Standards Manual에서 영감을 받아 디자인을 발전시키고 이를 '메트로Metro 디자인 언어'라 이름 붙였다. 하루에도 수백만 명 이상이 이용하는 지하철의 시각디자인 시스템을 만들기 위해서는 타임리스, 즉 유행을 타지 않는 단단한 디자인이 필수다. 지하철 정거장 한 군데에서 본 그래픽을 다른 곳에도 어렵지 않게 적용할 수 있듯이, 만드는 사람과 사용하는 사람 모두 자연스럽고 일관되

게 인지할 수 있는 타임리스한 디자인을 윈도폰에 적용하고 싶었다.

이 메트로를 아직도 생생히 기억한다. 매우 혁신적이고 모던한 수작이라고 생각한다. 지금까지도 윈도나 다양한 마이크로소프트 프로덕트에 그 디자인의 DNA가 남아있지 않나?

삼 생각하면 재미있는 추억이기도 한데 '스큐어모피즘skeu-omorphism'이라고 하는, 보이는 사물을 그대로 묘사한 디자인이 당시에는 대세였다. 계산기 앱은 계산기 모양을 충실히 닮은 아이콘이어야 한다고 생각했던 시대다. 하지만 모든 디자인이 실제와 닮은 것은 아니다. 우리가 디지털 환경에서 보는 기호들은 대부분 시각적 은유다. 윈도에 있는 쓰레기통 모양의 아이콘은 사용자가 필요 없어진 데이터 파일을 삭제하는 창구일 뿐, 사용자가 실제로 쓰레기를 모아 재활용하거나 버리는 공간이 아니다. 사물의 실제 형태보다 그 안에 담긴 뜻을 전 세계 사람들이 인지할 수 있는 형태의 시각적 메타포로 활용하고자 했다. 마치 올림픽 픽토그램처럼 말이다.

이 빌 게이츠가 어느 인터뷰에서 윈도폰을 중단한 일이 가장 후회되는 결정이라고 말한 모습을 보았다. 이를 기점으로 애플과 안드로이드가 모바일 OS 시장을 양분했기 때문인데, 아쉽지 않았나?

샴 디자이너로서 어떠한 후회도 없지만, 가장 큰 배움을 얻은 계기가 아닌가 싶다. 바로 디자인 하나로는 충분하지 않다는 사실이다. 나는 이것을 BXT라 부른다. 프로덕트는 비즈니스Business, 경험Experience, 기술Technology 이 3가지가 조화를 이루며 발맞춰 가야만 성공할 수 있다. 아름다운 디자인을 만들었지만 이를 누구도 알지 못하고 사용하지 않는다면 실패한 프로덕트다. 혹은 사용성 좋은 디자인을 실제로 구현할 수 없거나 확장하지 못한다면 이 또한 실패한 프로덕트다.

이 당신은 전 세계 사람들의 일상에 큰 영향을 끼치는 윈도 같은 프로덕트 디자인을 오랜 기간 성공적으로 이끌어왔다. 어떤 점을 염두에 두며 디자인을 리드하나?

샴 사용자를 제대로 이해하는 디자인이 중요하다. 윈도의 경우 하드웨어와 소프트웨어 디자인은 언제나 한 몸이라는 사실을 기억해야 한다. 서피스Surface 랩톱이 여기에 큰 영향을 받은 프로덕트 중 하나인데, 터치스크린과

펜, 키보드까지 다양한 형태의 상호작용이 동시에 가능해야 한다. 우리는 이것을 '멀티 모토 Multi Moto'라고 부른다. 플랫폼을 넘어 사람들의 경험에 연속성을 부여하는 것이다. 또한 사용자의 경험이 모바일에서 데스크톱 환경으로 이어진다고 가정했을 때, 그저 커다란 스크린만 모니터에 띄워주면 괜찮다고 생각할 수 있다. 하지만 사람들은 각각의 플랫폼에서 기대하는 경험이 다르다. 같은 기능이라 해도 이를 어떻게 디스플레이에 띄우고 반응하게 할지 다양한 고민과 리서치를 거쳐 디자인해야 한다. 또 작은 디자인의 변화 하나가 어떤 이들에게는 큰 어려움으로 느껴질 수 있다. 윈도 내에 어떤 기능이 있던 자리나 모양이 바뀔 때 적정한 기준과 방향성을 제시하고 사용자를 설득할 방법도 많이 고민해야 한다.

이 당신은 디자이너로서 세계 최고의 커리어를 쌓았고, 이제는 잠시 쉬어가는 단계에 이르렀다. 여유를 갖고 쉬겠다고 했지만 무언가 다른 회로가 쉬지 않고 돌아갈 듯한데, 준비 중인 계획이 있나?

삼 사실 스탠퍼드 디자인스쿨과 뉴욕의 스쿨오브비주얼아트 SVA 등에서 학생들에게 '책임감 있는 디자인 Responsible

Design'을 가르치기로 했다.

이 책임감 있는 디자인 교육은 무엇인가?

샴 앞서 우리가 만나자마자 세상이 참 빠르게 바뀐다는 말을 했다. 내가 처음 커리어를 시작했을 때도 지금 같은 세상이 오리라곤 상상하지 못했다. 이러한 변화의 폭과 속도는 인공지능 같은 과학기술의 발전으로 다음 세대의 디자이너들에게 더 큰 영향을 줄 것이다. 이 과정에서 우리가 인지하지 못하고 한 행동이 부정적인 결과로 사회에 돌아올 수 있는데, 디자이너들이 무언가를 만들때 올바른 의식과 책임을 갖고 디자인하도록 가르치는 것이다.

이 정말 필요한 일인 것 같다. 디자인 교육이 현장과 괴리가 있는 데는 단순히 기술적인 부분만이 아니라 당신의 말처럼 관념적·철학적인 면이 부족한 원인도 있는 듯하다. 오랜 기간 현업에서 디자이너이자 리더로서 쌓아온 당신의 값진 경험을 다음 세대에게 전해줄 수 있어 기쁘고 또 고맙다.

PART 2

회사와 일

혁신적으로 일해야 살아남는다

성장하는 조직에서는 내가 가는 곳이 곧 길이 되고, 성장의 과실을 나와 회사가 상대적으로 동등하게 나눠 가질 수 있다. 이미 완벽하게 자리가 잡힌 비즈니스나 조직의 경우, 내가 하게 될 일은 개척이 아닌 유지·보수일 때가 많다. 성과가 나더라도 정해진 만큼의 이득 외에는 얻기 어렵다. 그런 만큼 내가 열심히 했을 때 돌아올 결과가 가장 큰 기준은 결국 성장 가능성이다.

사실 직장 선택에 정답은 없다. 최선의 선택을 했다고 해도 한 치 앞을 알 수 없는 게 우리 인생이다. 그 과정에서 우리는 최선을 다할 뿐이고, 선택의 결과 또한 자신의 몫이다. 그러니 조금의 후회도 남기고 싶지 않다면 자신만의 우선순위를 세우자.

좋은 직장을 고르는 나만의 우선순위 ✕

'지피지기'를 실체화 ✕　　　　2가지 방법 ✕

현재에 집중하는 루틴과 전략 ✕

회피의 기술이 필요한 순간 ✕

약속을 대하는 올바른 자세 ✕

사람들의 머릿속에 각인 ✕　　　　4가지 방법 ✕

나를 화나게 하는 디자인 ✕

개선과 규제 사이에서 균형 잡기 ✕

악마는 디테일에 있다 ✕

가능성의 확장 ✕　　　　브랜드 컬래버레이션 ✕

당신의 새로운 경쟁력, 사이드 프로젝트 ✕

노동의 대가 ✕　　　　합당하고 정당하게 ✕

좋은 직장을 고르는
나만의 우선순위

우리가 집 외에 가장 많은 시간을 보내는 공간은 직장이고, 가족 외에 가장 많은 대화를 나누는 사람은 직장 동료다. 좋은 직장을 고르는 일은 삶의 행복이라는 측면에서 매우 중요한 요소다. 그런데 나에게 맞는 직장이 어디인지 판가름하는 것은 생각보다 쉽지 않다. 자신만의 기준도 크게 작용하지만, 상황에 따라 여러 변수가 동반되기 때문이다. 신중에 신중을 기해야 할 직장 선택의 순간에 우리는 어떠한 기준을 적용해야 할까? 최선의 선택을 하기 위한 기준을 알아보자.

첫 번째는 '일터와의 케미'다. 엄청난 시간과 공을 들여야 하는 생업인 만큼 내가 즐길 수 있는 직장, 즉 나와 케미가 잘 맞는 직장이어야 한다. 그런데 이를 결정하는 데는 다양한 요소가 얽혀 있다. 크게 보면 기업의 문화나 브랜드 가치를 따질 수도 있고, 개인적으로는 내가 맡을 업무의 종류나 함께 일할 동료가 중요할 수 있다. 한마디로 코드가 맞아야 하는데, 이는 '내가 이 조직에 얼마나 소속감을 느끼고 일할 수 있는가'에 많은 영향을 끼친다.

두 번째는 '성장 가능성'이다. 내가 속하게 될 조직이 앞으로 얼마나 더 발전할 수 있는가에 관한 물음이다. 초창기 스타트업의 경우 성공보다 실패할 확률이 훨씬 크다. 하지만 성공하기만 한다면 산업에 큰 영향을 끼칠 수 있고, 월급쟁이들이 만질 수 없는 큰돈을 벌 수 있다. 비단 스타트업뿐 아니라 일반 기업에서도 내가 속한 팀이나 사업이 성장 가능성이 크다면 함께 성장하면서 훌륭한 재정 상태를 만들수 있다.

마지막 세 번째는 '노동 임금'이다. 개인적으로 돈이 아닌 삶의 의미를 좇아야 한다는 말에 크게 공감하진 않는다. 오히려 '돈도 벌면서 의미 있는 일도 하면 좋다'가 더 맞는 말일 것이다. 특히 고용주가 피고용인에게 돈에 너무 연연하지 말라고 충고하는 말은 '나는 너에게 많은 돈을 주기는 싫지만, 노동력은 제공받고 싶다'라는 소리로 들린다. 자본주의 사회에서는 내게 필요한 일이거나, 직접 할 수 없거나, 하기 싫은 일을 하기 위해 돈으로 다른 이들의 노동력과 시간을 산다. 노동력과 시간을 제공하는 사람이라면 합당한 대가를 받는 게 공정한 거래인 만큼, 직장을 고를 때 당신이 받을 노동의 대가는 반드시 잘 챙겨야 한다.

하지만 이 모든 기준을 만족하는 신의 직장이 존재할까? 나와 케미도 잘 맞고, 연봉도 훌륭하고, 앞으로 성장 가능성도 무궁무진한 직장에 다닌다면 얼마나 좋겠는가? 실제로 이러한 직장을 찾게 된다면 당연히 그곳을 선택해야 한다. 하지만 내가 세운 모든 기준을 만족시키기는 결코 쉽지 않다. 저렴한 가격, 높은 퀄리티, 빠른 완성을 나타내는 3개의 원으로 된 벤다이어그램을 본 적이 있을 것이다. 우선 높은 퀄리티의 제품을 빠르고 저렴하게 만드는 방법은 존재하기 어렵다. 제품을 저렴하고 빠르게 만들려면 퀄리티를 포기해야 하고, 저렴하면서도 수준 있는 제품을 만들려면 시간이 오래 걸리고, 좋은 제품을 빠르게 만들려면 높은 가격은 어쩔 수 없다. 그렇기에 대부분 주어진 3가지 옵션 중 2가지를 골라 타협한다. 당연히 이상적이지 않을 수는 있지만, 현실적 가이드를 제시해준다는 점에서 참고할 만한 방식이다.

중요한 점은 직장을 선택할 때 3가지 기준에서 무엇에 더 큰 점수를 줄 것인가이다. 선택의 순간이 왔을 때 자신이 가장 중요시하는 기준을 정해야 한다. 선택의 기준은 각자 다르겠지만, 내가 개인적으로 가장 중요하게 생각하는 기준은 조직의 '성장 가능성'이다. 성장하는 조직에서는 내가 가는 곳이 곧 길이 되고, 성장의 과실을 나와 회사가 상대적으로 동등하게 나눠 가질 수 있다. 이미 완벽하게 자리가 잡힌 비즈니스나 조직의 경우, 내가 하게 될 일은 개척이 아닌 유지·보수일 때가 많다. 성과가 나더라도 정해진 만큼의 이득 외에는 얻기 어렵다. 그런 만큼 내가 열심히 했을 때 돌아올 결과가 가장 큰 기준은 결국 성장 가능성이다. 이 부분을 확실히 잡고, 나머지 2가지 요건이 내 현실에 얼마나 부합하는가를 놓고 선택하는 게 합당하다. '일터와의 케미'는 언제든 더 좋아지기도, 나빠지기도 하는 유동적인 부분이다. 내가 좋아하는 가치관을 가진 브랜드에서 일하더라도 함께하는 상사나 동료가 나와 맞지 않는다면, 이 또한 쉽지 않은 것이 직장생활이다. 또 약간 더 높은 임금을 받기 위해 '일터와의 케미'나 '성장 가능성'을 저버린다면 소탐대실이 될 수 있다.

사실 직장 선택에 정답은 없다. 최선의 선택을 했다고 해도 한 치 앞을 알 수 없는 게 우리 인생이다. 그 과정에서 우리는 최선을 다할 뿐이고, 선택의 결과 또한 자신의 몫이다. 그러니 조금의 후회도 남기고 싶지 않다면 자신만의 우선순위를 세우자.

'지피지기'를 실체화하는 2가지 방법

▼

'지피지기면 백전백승'이라는 말을 모르는 사람은 거의 없을 것이다. 싸움을 하기 전 내가 싸우는 대상이 누구인지 파악하고, 이에 맞서는 나는 어떤 사람인지 객관적으로 인지한다면 승리의 확률을 높일 수 있다. 자신과 상대방의 한계를 알고 알맞은 전략과 전술을 세울 수 있기 때문이다. 하지만 이를 간과하는 경우를 우리는 생각보다 많이 찾아볼 수 있다.

인류 역사상 가장 위대한 전략가를 꼽으라면 나폴레옹을

떠올리는 사람이 많을 것이다. 그의 화려하고 기상천외한 전략은 아직까지도 널리 회자되고 있다. 하지만 그조차 이 '지피지기'의 중요함을 간과해 결국 역사의 뒤안길로 사라지고 말았다. 1815년 그는 엘바섬에서 탈출해 프랑스로 돌아온 뒤 군대와 시민들의 지지를 받으며 무섭게 치고 올라왔다. 많은 프랑스 국민은 나폴레옹이 화려하게 복귀해 다시금 유럽의 패권을 장악하리라 기대했다. 하지만 같은 해에 그는 중요한 워털루 전투에서 지피지기의 자세를 상실했다. 영국의 웰링턴 공작은 전투가 시작되기 전 지형지물을 직접 확인하며 치밀하게 전략을 세웠다. 이와 반대로 나폴레옹은 자신의 천재적 전술과 지휘력만 믿고 사전준비에 만전을 기하지 않았고, 프로이센군의 접근을 과소평가했다. 또 그의 군대가 예전에 거느리던 정예군이 아니었음을 간과했으며, 지속된 전투로 피로가 누적되고 사기가 저하되었음을 제대로 인지하지 못했다. 이 전투에서 참패한 나폴레옹은 정치적, 군사적 종말을 맞이했다.

이처럼 지피지기의 중요함은 전쟁뿐 아니라 회사에서 프로젝트를 할 때도 크게 다르지 않다. 지피지기를 경시할 경우 패배를 초래할 수 있지만, 충실히 이행하면 성공의 확률을 높일 수 있다. 프로젝트의 성공을 위해 내가 맡은 일을 정확히 이해하고, 일을 해내는 데 필요한 기술과 자원 및 시간 등을 파악하고, 함께 일할 동료나 관계자의 정보를 인지하는 것은 필수이다. 지피지기를 구체적이고 효과적으로 실체화하는 방법으로 다음의 2가지가 있다.

■ '대원칙'의 중요성

조직에 거시적인 목표가 있고, 이에 따라 일을 만들어 나갈 때 누구나 인정할 수 있는 대원칙Principles이 존재하는지는 생각보다 중요하다. 일도 결국에는 사람이 하는 것인 만큼, 근본 원칙 없이 매사를 상황에 따라 판단하다 보면 나중에 더 큰 문제가 생길 수 있다. 잘못된 판단도 쌓이다 보면 관성이 생겨 나중에 되돌리기가 쉽지 않기 때문이다. 대한민국의 법체계를 봐도 가장 위에 헌법이 존재하고, 그 아래로 법률이나 행정명령 그리고 규칙들이 각각의 위계와 원칙을 갖고 만들어진다. 모든 법리적 판단의 근본에는 국민 모두가 존중하는 가치인 헌법이 존재하기에 사람들이 이를 믿고 따르듯, 프로젝트도 이 대원칙을 잘 설정해야 한다. 구글에서 리드하는 업무 중에 디자인의 통일성을 구축하는 디자인 시스템 프로젝트가 많다. 다양한 팀과 사람이 함께하는 작업이다 보니 필연적으로 이견이 나온다. 그래서 프로젝트가 시작될 때 반드시 디자인 대원칙을 개괄 문서에 포함하거나, 별도 자료로 만들어 추후 프로젝트에서 혼선을 유발하는 일을 경계한다. 이는 디자인 관련 이슈에서 팀원 간 불필요한 갈등을 줄여 합의점에 도달하는 데 많은 도움을 준다.

구글이 전사적으로 활용하는 디자인 언어인 머티리얼 디자인Material Design에서도 이러한 대전제를 명확하게 기술하고 있다. 그중 디자인의 시각적 경험에 대해 이렇게 설명한다. "대담하고 그래픽적이며 의도적인 디자인Bold, graphic, intentional: 머티리얼 디자인은 타이포그래피, 그리드, 공간, 비율, 색상, 이미지와 같은 인쇄 디자인 기법을 사용하여 시청자가 경험에 몰입할 수 있도록 위계, 의미, 집중도를 만들어낸다." 이는 구글의 디자인이 인쇄물과 같은 전통적 그래픽 디자인에 기반하고 있으며, 이를 바탕으로 사용자 경험을 만든다는 뜻이다. 이 기본적인 대원칙은 생각보다 많은 의미를 내포한다. 예를 들어, 구글에서는 디자인을 할 때 멋지고 개성 있는 디자인을 추구하기 위해 실제 존재하는 물리법칙을 무시할 수 없다. 빛이 존재한다는 가정하에 그 빛이 비치는 패널(Panel, 이미지나 텍스트 등을 담을 수 있는 디지털판) 밑에 그림자를 만들어야 하며, 패널이 기준점으로 잡은 바닥에서 멀어지거나 위치가 바뀐다면 이를 물리법칙에 맞게 재현해야 한다. 이 디자인에 담길 색상이나 이미지 혹은 움직임도 모두 이러한 전제에 순응해야 한다. 기본 물리법칙에 따른 전통적 디자인 기법은 대중에게 이미 익숙한 만큼, 사용자 경험의 이질감을 줄인다. 이처럼 대원칙을 잘 만들어 놓으면 이에 기반한 여러 실행 규칙과 기능들을 통합적으로 구축하는 데 큰 도움이 된다.

② OKR을 통한 구체적이고 투명한 실행 계획

OKR은 Objective(목표)와 Key Results(핵심 결과)를 합친 말이다. 구글과 마이크로소프트, 인텔 등을 비롯한 많은 성공적인 기업에서 팀을 조율하고 결과를 도출하기 위해 사용하는 목표 설정 프레임워크다. OKR은 팀이나 그룹 단위에서 목표를 설정하고 진행 상황을 측정하는 간단하지만 아주 효과적인 방법이다.

OKR을 구축하는 방법으로는 다음의 3단계가 있다. 첫

째, 분기별로 앞서 언급한 대원칙을 바탕으로 조직이 달성하려는 구체적이고 측정 가능한 목표(O)를 설정한다. 둘째, 이 목표를 달성하는 과정에서 이루고자 하는 구체적인 결과(KR)를 함께 기술한다. 마지막 셋째, 이 내용을 팀원들과 리더가 함께 리뷰하며 해당 분기에 조직이 얼마나 많은 발전을 도모할 수 있는가를 OKR을 통해 결정하고, 그 결과를 구성원 모두가 열람할 수 있게 함으로써 공동의 목표를 투명하게 공유한다.

목표(O)는 명확하고 구체적이어야 한다. 너무 포괄적인 목표는 자의적으로 해석할 여지를 남기고, 예상치 못한 방향으로 조직원들을 인도할 수 있다. 예를 들어, '우리 서비스의 사용자 경험을 개선한다'처럼 당연한 이야기지만 너무 포괄적인 제시는 난해한 해석이나 업무 분산을 일으켜 집중도를 해칠 수 있다. 따라서 목표는 나와 조직이 무엇을 이루고자 하는지 명확하게 기술해야 한다. 구체적인 타깃과 수치를 담은 목표를 적어보자면 다음과 같다. '우리 서비스의 모바일 앱에서 사용자 가입 프로세스를 개선해 가입률을 10% 이상 높인다.' 이는 현재 어떤 부분에서 어떤 기능의 발전을 얼마나 달성해야 하는가가 명확해 자의적 해석의 여지가 적다. 그리고 여기서 담을 수 없는 더 디테일한 내용은 핵심 결과에서 다룬다.

핵심 결과(KR)는 목표와 직접적인 연관을 가진 구체적인 항목일수록 좋다. 디자인 시스템을 구축하는 OKR을 예로 들어보자. 디자이너들이 사용하는 디자인 툴인 '피그마Figma 라이브러리의 사용성 업데이트를 통해 UI 컴포넌트(UI 디자인 요소의 한 단위)의 활용도를 10% 이상 증가시키기'가 목표인 경우, 이에 걸맞은 핵심 결과는 얼마나 디테일해야 할까? 목표 설정에서 한 발짝 더 들어간 전문적 디테일이 포함된 항목이 있어야 한다. 해당 목표를 위한 핵심 결과는 다음과 같다. '마스터 컴포넌트(Master Component, 원본 컴포넌트)에 베리언트(Variants, 확장 컴포넌트) 추가시키기', '피그마 라이브러리에 스티커 시트(Sticker sheets, UI 컴포넌트의 복사본을 한곳에 모아 놓는 페이지) 구축하기.' 이처럼 대단히 구체적인 실행 목록을 추가해, 어떤 행동을 취했을 때 그 결과가 내 목표에 얼마나 영향을 끼쳤는지 판단할 수 있는 근거를 만든다. 마지막으로는 설정된 OKR의 명확한 검증과 공유를 통해 조직원 모두가 같은 목표를 향하는지 확인하고, 중간에 발생할지 모르는 혼란과 잘못된 의사소통을 미연에 방지

한다.

　일은 대부분 혼자 하지 않는다. 그리고 사람이 한다. 이 말은 수많은 변수와 실패의 잠재적 요인이라 할 수 있는 휴먼에러(사람이기에 발생하는 실수)는 사실상 보장되어 있다는 뜻이다. 그리고 휴먼에러의 많은 경우가 바로 '지피지기'의 부재에서 시작된다. 따라서 모두가 인정하는 대원칙의 수립과 이를 바탕으로 목표를 달성하는 구체적 실행 방법인 OKR은, 이러한 자의적 판단에 따른 휴먼에러를 줄임으로써 성공 확률을 크게 높일 수 있다.

현재에 집중하는 루틴과 전략

트위터 창업자 잭 도시Jack Dorsey는 이렇게 말했다. "단순함이 명확성을 높이고 집중력을 유지하게 하는 핵심이다. 불필요한 부분들을 제거해 필수적인 가치가 빛나게 하라." 이는 정보가 넘쳐나는 현대 사회에서 살아가는 우리에게 큰 울림을 준다. 정보의 홍수 속에서 무분별하게 받아들이거나, 끝없이 할 일을 쌓아가는 것만으로는 결코 목표를 달성할 수 없다. 여기에서는 일의 집중도와 생산성 향상을 위해 불필요한 부분을 걷어내는 방법을 이야기해보고자 한다.

■ **첫 번째 전략:** 선택적으로 수용하기

선택적 정보 수용은 인지 부담을 줄이고 의사 결정을 개선하는 데 중요한 역할을 한다. 우리는 일상과 직장에서 끊임없이 쏟아지는 정보와 의견에 노출된다. 한정된 인지 능력을 고려할 때, 모든 정보를 처리하기란 불가능하다. 따라서 어떤 정보가 진정으로 필요하고 중요한지를 판단하는 기준을 세우고, 그 기준에 맞지 않는 정보는 과감히 거부해야 한다.

때로는 거절이 필요한 순간도 있다. 처음에는 요청이나 제안을 거절하는 일이 부담스러울 수 있지만, 거절을 명확히 표현하는 법을 배운다면 점점 더 수월해진다. 내가 할 수 없는 이유를 분명하게 전달하면 대부분의 사람들은 이해하고 받아들인다. 불분명한 커뮤니케이션은 오히려 잘못된 오해를 낳는다.

회사에서는 많은 사람이 자신의 프로젝트나 작업이 가장 중요하다며 도움을 요청한다. 각자의 관점에서 그 일이 중요한 것은 사실이다. 그러나 우리의 시간과 자원은 한정되어 있으며, 이를 인식하고 정보에 접근해야 한다. 설정한 연간 또는 분기별 OKR을 기준으로 각 프로젝트의 잠재적 영향을 평가하여 정보 수용의 우선순위를 결정한다.

■ 두 번째 전략: 선택적으로 집중하기

효과적인 정보 선별에 이어 선택적 집중은 생산성을 극대화하는 다음 단계다. 정보 수용은 실제 작업에 몰두하는 것보다 훨씬 광범위한 과정이다. 따라서 작업할 때 다시 한번 선택적 집중과 우선순위 설정을 통해 작업의 효율을 높이는 일이 중요하다. 이 과정에서 처리해야 할 정보와 작업의 양이 줄어들면, 우리는 진정으로 중요한 작업에 더 많은 시간과 에너지를 할애할 수 있다. 이러한 선택적 집중을 위한 기준은 '내가 현재 이 상황을 통제할 수 있는가?'에 있다.

'내가 통제할 수 있는 것'은 명확한 방향 설정 후 민첩하게 대응할 수 있는 영역이다. 이는 때때로 거의 기계적인 반응을 요구한다. 반면 '내가 통제할 수 없는 것'은 대부분 외부 요인에서 발생하며, 내 행동이 결과에 큰 영향을 미치지 않는 경우가 많다. 이런 상황들은 심리적 불안을 유발하고, 때로는 작업을 예상치 못한 방향으로 이끌기도 한다. 따라서 현재 상황에서 할 수 있는 최선의 대응 방법을 찾는 것이 필요하다.

■ 세 번째 전략: 작업 목록 작성하기

매일 아침, 나는 행동으로 옮길 수 있는 선별된 작업 목록을 작성한다. 이 목록에는 3개에서 많게는 10개까지의 항목이 포함된다. 가장 중요하거나 우선 해결하려는 항목을 목록의 맨 위에 두고, 그다음 중요한 항목을 순서대로 나열한다. 각 작업의 단위는 하루치 일을 넘지 않으며, 회사 업무뿐만 아니라 우편물 배송, 미용실 가기 등 개인적인 일상 업무도 포함된다. 당일 성공적으로 완료한 작업은 체크한 후 지우고, 완료하지 못한 항목은 다음 날의 목록으로 이동한다.

이렇게 매일 할 일을 기록하고, 해낸 것을 체크하며 성취감을 느끼는 일은 매우 소중하다. 이러한 성취감은 크기에 상관없이 매일 작은 행복을 제공한다. 심지어 모든 항목을 완료하지 못해도, 한두 가지만 성취했을 때 느끼는 긍정적인 감정은 변함이 없다. 결국 내가 추구하는 가치를 기준으로 정보와 행동의 우선순위를 정하고, 이를 효과적으로 실천하기 위해 꾸준히 노력하는 것이 일의 집중력과 생산성을 높이는 최고의 방법이다.

잭 도시의 말처럼 단순함이 명확성과 집중력 유지에 근본적인 열쇠임을 이해하는 일은 우리 모두에게 귀중한 교훈이 된다. 정보의 홍수 속에서 중요한 것을 식별하고, 우선순위를 정해 행동에 옮기는 일은 오늘날 우리가 직면한 큰 도전 중의 하나다. 이런 맥락에서 선택적 수용과 집중 그리고 작업 목록 작성과 같은 전략들은 우리가 이 도전을 극복하고 생산성을 높이는 데 필수적인 도구가 된다. 우리의 시간과 에너지는 제한적이기 때문에, 필수적인 일에 집중하고 불필요한 부분들을 걷어낸다면 우리 삶의 질을 높일 수 있다.

회피의 기술이
필요한 순간

▼

'일촌광음일촌금一寸光陰一寸金'이라는 말이 있다. '한 치의 시간은 한 치의 금과 같다'라는 말인데, 소중한 시간을 가치 있게 사용해야 한다는 뜻이다. 살다 보면 내가 아무리 노력해도 달라지지 않는 사람과 상황도 있기 마련이다. 이를 정면 돌파해 뚫고 나가야 할 때도 있지만, 변하지 않을 사람 혹은 상황에 휘둘리며 허튼 시간을 보낼 바에는 피하는 것이 더 나을 때도 많다. 그래서 우리에게는 '회피의 기술'이 필요하다.

■ 상황이 불리할 때는 달아나는 게 상책

'36계 줄행랑'은 중국의 고전 전략집인 《삼십육계三十六計》에서 유래했는데, 이 중 마지막 36번째 계략이 바로 "주위상책走爲上策", 즉 '도망치는 것이 최상의 전략'이다. 사람들은 흔히 '도망'이라는 말에 거부감을 보인다. 왠지 패배한 것 같아 자존심이 상하기 때문이다. 하지만 이는 전략상의 회피이지, 완전한 패배를 의미하지는 않는다. 특히 자신보다 월등히 강력한 상대와 정면 승부를 보는 것은 어떤 면에선 자살행위나 다름없다. 동서고금을 막론하고 전쟁의 바이블로 불리는 《손자병법》은 이렇게 조언한다. "적군보다 10배의 병력이면 포위하고, 5배의 병력이면 공격하고, 2배의 병력이면 적을 분리시킨 후 차례로 공격하고, 맞먹는 병력이면 싸우지 않으며, 반대로 적의 병력이 우리보다 우세하면 피한다."

싸움에서 약자가 강자를 굴복시켰을 때 오는 카타르시스는 분명 존재한다. 일격필살一擊必殺 같은 전략이 싸움에서 잘못된 것은 아니지만, 나보다 강한 적을 만났을 때 무리하게 도전해 패배하기보다 일단은 몸을 피하고 후일을 도모하는 편이 더 현명한 선택일 수 있다. 일시적인 자존심을 지키기 위해 피해를 감수하면 그 피해를 복구하는 자체만으로 더 큰 노력이 들고, 피해 정도에 따라 복구가 영원히 안될 수도 있다. 나폴레옹이 1812년 러시아를 침공했을 때, 그는 여느 때처럼 속전속결로 러시아를 굴복시키려 했다. 당시 무적으로 불리던 나폴레옹의 프랑스군을 상대로 승리를 거둘 수 있는 군대는 존재하지 않았기에, 그들과 전면전을 벌이는 것은 러시아 입장에서 자살행위였다. 대신 러시아군은 자신들의 식량과 물자를 모두 소각하며 조금씩 후퇴하는 '불태우기 전술'을 사용했다. 이 전략은 나폴레옹 군대가 식량과 보급품을 확보하는 일을 어렵게 만들었고, 결국 나폴레옹의 패배로 이어졌다.

▪ 그들은 저급하게 가도, 우리는 품위 있게

인간은 살면서 끊임없이 도전에 직면하지만 때로는 그 도전이 악의적이고 저급한 비난일 때도 있다. '타블로 학력 위조 사건'처럼 우리는 사람들의 악플과 거짓 선동으로 한 사람의 경력이 파탄 나고 그 가족과 주변인 모두 고난을 겪었던 일을 알고 있다. 나 역시 이런 근거 없는 비난을 받은 적이 있는데, 당연히 사실이 아님에도 심적으로 무척 힘들었다. 소중한 시간과 노력을 바쳐 일군 내 커리어와 대외 행동들이 모두 거짓이라는 유언비어를 퍼트리는 사람이 있었다. 나중에 알고 보니 그는 나와 나이도 비슷하고 같은 업계에 종사하는 걸으로는 아주 번듯한 사람이었다. 심지어 예전에 만나고 싶다며 직접 나를 찾아와서는 '내게 배우고 싶다' 같은 감언이설을 늘어놓았다. 그런데 무엇이 그의 심사를 뒤틀리게 했는지 모르겠으나, 나에 대한 악의적인 거짓말을 퍼트리고 다닌다는 말을 주변에서 듣게 되었다. 얼마나 정신이 아픈 사람이면 그런 행동을 하고 다닐까 안타깝기도 했지만, 한편으로는 법적 조치를 통해 그를 강하게 문책하고 싶은 생각이 들기도 했다.

그때 미셸 오바마 전 영부인이 민주당 전당대회에서 한 유명한 연설이 생각났다. "그들이 저급하게 가도, 우리는 품위 있게 갑시다When they go low, we go high." 이는 당신이 저열한 수준의 공격이나 부정적인 행동에 직면했을 때, 그보다 더 높은 도덕적 기준을 유지하고 긍정적이며 존엄한 태도를 취하자는 메시지를 담고 있다. 그의 수준 낮은 음해는 내가 나에게 집중하는 대신, 하찮은 일에 감정을 쏟게 만드는 게 목표였는지도 모른다는 생각이 들었다. 그래서 조금도 개의

치 않고 내가 해오던 대로 살기로 했다. 회사 일도 열심히 하고 대외 활동도 전처럼 꾸준히 했으며, 책과 강연 등을 통해 내가 하고 싶은 이야기를 모두와 나누었다. 그 결과 지금 나는 전보다 더 많은 영향을 사람들과 주고받으며 잘 살고 있다.

▪ 나를 지키려면 헤어질 결심도 필요하다

조직에 속해 일한다는 것은 좋든 싫든 다른 사람과 함께 어깨를 맞대고 일해야 한다는 뜻이다. 그런데 사람이 모여서 일을 하다 보면 잘 맞지 않는 경우가 비일비재하다. 마치 어느 프로 축구선수가 소속팀에서는 정말 잘하는데 대표팀에 가면 형편없어지는 경우처럼, 잘하는 사람을 엄선해 팀을 만든다고 해서 모두가 잘하는 것은 아니다.

세계 초일류 회사도 마찬가지다. 꿈의 회사에 다니는 직원들은 모두 행복할까? 아니라고 생각한다. 사실은 처한 환경에 따라 어쩔 수 없이 엄청난 스트레스를 견디며 다니는 사람이 부지기수다. 노력해도 나아질 수 없는 상황인데도 '내가 부족해서 그런 거야'라며 자신을 채근하거나, '내가 어떻게 해서 들어간 회사인데'라며 마음을 억누른다.

나도 회사에서 정말 맞지 않는 프로젝트나 사람들과 일했던 경우가 있었다. 그 일을 하는 동안은 매일이 지옥 같았다. 무엇을 해도 합당한 평가를 받을 수 없었고, 내 말과 행동이 다른 이들에게 닿지 않아 마치 무거운 쇳덩이를 발목에 달고 물속으로 가라앉는 느낌이었다. 헤어 나오기 위해 손발을 세게 차도 결국 가라앉을 수밖에 없는 상황에 처하자, 나 자신을 계속 탓하게 되었다. 힘든 상황이지만 잘해보고 싶었다. 하지만 그 노력이 결실을 보지 못하리란 확신이 들었을 때, 나를 지키기 위해 해당 프로젝트와 이별해야겠다고 마음먹었다.

　프로젝트를 다른 사람에게 넘기고 나오면 내 자신이 초라하게 느껴지지 않을까 걱정했다. 하지만 그 반대의 상황이 펼쳐졌다. 매일 쌓이던 스트레스는 하루가 다르게 사라지기 시작했고, 머지않아 새로운 프로젝트에 임할 활력을 되찾았다. 그리고 맡게 된 새 프로젝트에서는 더할 나위 없이 좋은 에너지로 최상의 결과를 낼 수 있었다. 나는 이 경험으로 '당시 그 자리가 나와 맞지 않았을 뿐이지, 내가 잘못한 것은 아니구나' '힘들지만 그 과정이 충실했다면 자신을 탓하는 행동만큼 바보 같은 일도 없구나'를 깨달았다.

삶을 살아가며 마주하는 다양한 도전과 난관은 우리를 성장시키고, 때로는 우리의 한계를 시험한다. 그러나 모든 도전이 직면하고 정복해야 할 대상은 아니다. 특히 상황이 통제를 벗어났거나 해가 되는 경우, 우리의 에너지와 시간을 보호하려면 의도적으로 회피하는 일이 최선의 전략이 될 수 있다. 이는 우리가 실패했거나 덜 가치 있는 사람이 됐다는 말이 아니라 자기 자신과 정신적·감정적 안녕을 우선시한다는 것을 의미한다. '회피의 기술'을 실천함으로써 우리는 더 나은 환경으로 나아갈 수 있으며, 그곳에서 진정한 잠재력을 발휘하고 더 큰 성공을 거둘 수 있다. 결국 어떤 상황에서든 우리의 존엄성을 지키고 시간을 가장 가치 있게 사용하는 방법을 알아내는 일이 중요하다. 일촌광음일촌금의 교훈에 따라 시간을 최대한 소중히 여기며 가치 있는 삶을 살아야 한다. 이는 우리가 우리 삶의 주인공으로서 경로를 현명하게 선택하고, 진정으로 중요한 것에 에너지를 집중함으로써 달성할 수 있다.

약속을 대하는
올바른 자세

▼

일을 할 때 내가 하겠다고 약속한 일은 작은 일이라도 반드시 지키려고 노력한다. 약속과 그 이행이 쌓여 나에 대한 사람들의 기대치 즉, 평판이 성립되기 때문이다. 평판을 쌓는 데는 시간과 노력이 필요하다. 하지만 좋은 평판은 한번 쌓이고 나면 내가 두고두고 꺼내 쓸 수 있는 보물창고가 된다.

'약속과 그 이행'에는 크게 4가지 종류가 있다. 첫 번째는 초과 약속과 초과 이행, 두 번째는 초과 약속과 빈약한 이행, 세 번째는 적당한 약속과 초과 이행, 마지막 네 번째는 적당한 약속과 빈약한 이행이다. 물론 아주 이상적인 양의 약속과 이행도 있고, 아주 빈약한 약속과 이행도 있을 수 있다. 하지만 자칫 너무 이상적이거나 주관적일 수 있기에 이 글에서는 제외하고 이야기하고자 한다.

이 4가지 중 무엇이 가장 좋은 방식일까? 아마 '초과 약속과 초과 이행'이라 할 사람이 많겠지만, 이는 지속성 측면에서 결함이 있다. 지금의 프로젝트가 집중도 있게 결과물을 요구하는 상황이라면 개인 시간을 희생하더라도 많은 약속과 이행을 해내는 게 중요하다. 딜로이트에 근무하던 시절, 세계 최대 물류 회사와의 계약이 걸린 중요한 프로젝트에 나와 우리 팀의 주니어 디자이너가 급하게 투입된 적이 있었다. 원래 다른 팀이 하기로 했는데 긴급한 사정이 생기는 바람에 우리 팀이 투입됐다. 실제 사용자 경험을 대변할 10가지 정도의 키 플로우를 디자인하는 일이었는데, 주어진 시간이 고작 3박 4일이었고 4일째 오전에 클라이언트 미팅이 잡혀 사실상 2박 3일 일정이었다. 게다가 연말이라 추가로 투입할 수 있는 인원도 없었다. 우리 팀의 총괄 대표는 내게 "시간이 촉박하겠지만 가능합니까?"라고 물었다. 양이 상당했지만 다년간의 경험으로 분석했을 때 가능할 것도 같았다. 그래서 "네, 물론입니다"라고 대답한 후, 함께 투입된 주니어 디자이너와 며칠간 밤을 새우며 작업했다. 다행히 주어진 일정 안에 디자인을 전달했고, 결과도 성공적이었다. 하지만 이렇게 과도한 업무 강도를 1년 내내 지속할 수 있는 사람은 많지 않다. 아마도 이런 식으로 일을 계속 시키다가는 (특히 미국에서) 몇 달도 채우지 않고 퇴사하는 사람이 줄을 설 것이다. 그래서 발표를 마친 후 나는 주니어 디자이너에게 매니저 재량으로 반차를 주었다.

이와 반대로 '적당한 약속과 빈약한 이행'을 지속한다면 사람들에게 머지않아 외면받을 것이다. 또한 '적당한 약속과 초과 이행'은 사람들의 기대를 넘어선다는 면에서 희망적일 수 있지만, 약속을 매번 너무 신중히 하다 보면 사람들이 함께 일하자는 제안을 쉽게 건네지 못한다. 하지만 가장 좋지 않은 것은 바로 '초과 약속과 빈약한 이행'이다. 초과 약속을 일삼는다면 함께 일하는 사람들에게 잘못된 기대치를 심어주어, 지피지기를 통한 전략적 판단에 부정적 변수를 제공한다. 심지어 이런 패턴이 지속되면 조직 차원에서 혼선을 가져오기에 자신뿐 아니라 조직에도 누가 되는 경우가 발생한다. 예전에 함께 일했던 디자인 엔지니어 중에 실력도 나쁘지 않고 언제나 약속을 쉽게 하지만, 일의 결과가 제대로 나오지 않던 동료가 있었다. 그는 함께 진행하기로 한 프로젝트에서 본인 파트의 일을 정하는 시간에는 청산유수 같은 말로 다 할 것처럼 공언했다. 하지만 제시간에 결과를 다른 사람에게 공유하지 못했고, 이것은 거의 일상이 되었다. 그의 성과가 낮은 것도 문제였지만, 결국 팀 차원에서 어떠한 계획을 세우거나 이를 다른 관계자들에게 공유하기 어려워지면서 안타깝지만 그를 프로젝트에서 내보내게 되었다. 이후 다른 사람을 찾을 때까지 잠깐의 공백은 있었지만 새롭게 참여한 엔지니어가 약속한 일을 정해진 시간 안에 해내면서 전보다 훨씬 안정적으로 프로젝트를 진행할 수 있었다.

잘못된 프로젝트 범위Scope가 할당된 상황에서는 단호하게 대처해야 한다. 마이크로소프트에서 일할 때, 클라우드·인공지능 부서의 로고 리뉴얼 작업을 리드한 적이 있었다. 당시 수십 개의 프로덕트 팀이 그들의 로고를 새로운 디자인 방향에 맞게 리뉴얼해야 했는데, 처음에는 일이 중구난방으로 진행됐다. 가령 어떤 팀은 이 작업을 총괄하는 우리 팀과 상의 없이 디자인해서 나중에 다시 해야 하는 경우도 있었고, 또 다른 팀은 시간이 2주 정도밖에 없는데 그 안에 어떻게든 해달라고 생떼를 쓰기도 했다. 사실 이러한 불협화음은 규모가 어느 정도 있는 조직에서는 언제나 일어날 수 있다. 이 불협화음의 가장 큰 이유는 중심이 될 만한 원칙과 프로세스가 없어, 일을 진행하는 사람들이 각기 다른 기대치를 바탕으로 계획을 짜기 때문이다.

그래서 우리 팀이 가장 먼저 한 일은 바로 이 원칙과 프로세스를 세우는 것이었다. 로고 리뉴얼 디자인 원칙, 단계별 프로세스, 간단한 제안서 양식 등 중요한 정보를 상세하게 담은 플레이북을 만들어 배포했고, 매주 정기적인 미팅을 가져 팀들과 소통했다. 그 결과 우리 팀은 부적절한 기간이나 범위를 가진 작업을 획기적으로 줄였고, 새로운 로고가 필요한 팀들도 이에 맞춰 자신들의 업데이트 계획을 세울 수 있었다.

'일낙천금一諾千金'이라는 말이 있다. 한번 승낙한 약속은 천금과 같다는 뜻이다. 이와 같이 무모하게 약속하는 일도, 약속의 이행을 저버리는 일도 모두 지양해야 한다. 언제나 최고의 결과를 목표로 하되, 약속은 현실적이고 신중하게 조율해야 한다. 또 일의 원칙과 프로세스를 잘 수립해 프로젝트에 임한다면 서로 알맞은 기대치가 생기고, 결국 지속 가능한 신뢰 관계로 이어져 조직의 발전을 도울 수 있다.

사람들의 머릿속에 각인되는
4가지 방법

▼

광고는 30초의 미학이다. 30초라는 짧은 시간 안에 어떠한 상품이나 브랜드를 사람들에게 어필해야 하기 때문이다. 하지만 유튜브나 틱톡 같은 동영상 플랫폼이 중심인 지금 세상에서 30초는 너무나 긴 시간이다. 사람들은 처음 영상을 접하고 지루하다는 생각이 드는 순간, 검지로 밀어 올리며 다음 영상으로 넘어가기 때문이다. 그 영상에 사람들의 관심이 머물지 않는 이상 알고리즘의 힘을 얻어 바이럴이 될 확률은 낮아진다. 결론적으로 사람을 매료시킬 수 있는 한

방이 있어야, 차후 그 안에 담겨 있는 철학이나 디테일도 전달할 기회가 생긴다는 뜻이다. 이처럼 다른 이에게 원하는 바를 각인하는 방법에는 무엇이 있을까?

1 의도적 생소함

미국 풋볼 리그의 결승전인 슈퍼볼은 지상 최대의 광고 이벤트로도 불린다. 슈퍼볼 경기 중간에 30초 정도의 광고 시간을 사는데, 기본 가격이 수십억이다. 그런데 미국 최대 암호화폐 거래소 코인베이스는 2022년 슈퍼볼에서 1분이라는 긴(?) 시간 동안 QR코드가 어두운 화면을 둥둥 떠다니는 알 수 없는 광고를 송출했다. 코인베이스의 광고임을 나타내는 장면은 끝에 회사 로고를 잠시 보여주는 것 외에는 없었다. TV 앞에 앉아 있던 수많은 사람의 반응은 둘로 갈렸다. 어떤 이들은 광고가 잘못 송출된 실수라고 생각했고, 또다른 이들은 TV에 나온 QR코드를 재빠르게 스캔했다. 그들은 QR코드를 타고 들어간 웹 링크에서 코인베이스가 신규 가입자를 대상으로 15달러의 무료 비트코인과 300만 달러의 상금을 받을 기회를 준다는 내용을 확인할 수 있었다. 이 내용이 알려지자 각종 뉴스 매체와 SNS는 이 생소하지만 신선한 광고 이야기를 경쟁적으로 보도했다. 광고 후 코인베이스 앱 다운로드 수는 앱스토어 전체 1위를 차지했고, 웹사이트 방문자 수도 급격하게 증가했다. 광고로 전달하려는 정보를 숨긴 이 '생소함'이 사람들에게 궁금증을 제대로 심어줬기에 가능했던 일이다.

② 말이 되는 거짓말

세상의 많은 소문은 조금만 생각해보면 '전설의 17대 1 대결'처럼 말이 안 되는 경우가 대부분이다. 하지만 그럴듯한 환경이나 사람이 등장했기에 그런 소문이 날개를 달았을 것이다. 이러한 접근은 다른 이들에게 피해를 주는 사기가 아니라면 꽤 효과가 좋은 방법이다. 이를 잘 반영한 광고가 바로 볼보에서 제작한 '에픽 스플릿The Epic Split'이다. 세계적인 액션 배우 장 클로드 반담이 등장해, 후진하는 볼보 트럭 두 대 사이에 맨몸으로 서서 평온한 얼굴로 다리 찢기를 한다. '에이, 말도 안 돼'라는 생각보다 '우와! 역시 왕년의 액션 스타는 다르구나' 하는 생각이 먼저 떠오른다. 광고 속 인물이 바로 장 클로드 반담이기 때문이다. 머릿속으로는 사실이 아니라고 생각하지만, 여전히 우리는 믿고 싶다.

그는 맨몸으로 이런 일을 해낼 수 있다고. 하지만 사실은 여러 안전장치가 있었다. 그가 사고를 당하지 않도록 발을 딛는 사이드미러를 더 단단하게 고정했고, 화면에는 나오지 않지만 몸에 와이어도 연결했다. 그리고 광고는 마지막 장면에서 슬며시 본론인 볼보의 다이내믹 스티어링 시스템의 뛰어난 정확성과 안정성을 홍보하며 마친다.

3 목마른 이에게 우물을

미국 범죄 드라마 〈브레이킹 배드〉는 드라마 역사의 한 획을 그은 명작이다. 각 캐릭터와 연기의 완성도가 최상급이었던 만큼, 2013년 종영 후부터 지금까지 주요 등장인물들의 인기가 대단하다. 그중 두 주인공 월터 화이트와 제시 핑크맨 그리고 악당 역할인 투코 살라만카가 마약을 거래하는 모습은 가장 많이 회자되는 명장면으로, 수많은 오마주와 패러디가 생겨났다. 종영한 지 10년도 넘은 이 드라마의 명장면은 2023년 팬들 앞에 다시 한번 돌아왔다. '팝코너스'라고 하는 과자 회사가 슈퍼볼 광고에 〈브레이킹 배드〉의 실제 배우들로 이 장면을 다시 연출한 것이다. 광고가 나가고 아주 잠시였지만 그들의 복귀 소식에 사람들은 큰 환호를 보냈다. 이 광고는 그 해 가장 사람들의 뇌리에 남은 광고로 평가받았다.

4 자세한 설명은 생략한다

친절하게 대상의 모든 점을 설명한 것을 우리는 설명서 혹은 카탈로그라 부른다. 브랜드나 제품을 소개하는 아주 유용한 정보이지만, 단번에 사람들의 관심을 끌기에는 어렵다. 사람들에게 어필하는 법은 여러 가지가 있다. 감각을 복합적으로 자극할 수도 있고, 시적인 문구로 감정을 건드릴 수도 있다. 하지만 이미지 혹은 영상 그 자체로 모든 게 설명이 되는 경우도 존재한다. 2005년 소니의 컬러 TV 브라비아의 광고 'Colour Like No Other'는 이를 잘 보여주는 예시 중 하나다. 샌프란시스코의 어느 주택가 언덕에서 형형색색의 25만 개 공이 굴러떨어지는 이 광고는, 역동적인 공의 움직임과 매혹적인 색채의 조화로 장관을 연출했다. 소니의 브라비아 TV에서 사람들이 경험할 수 있는 생생한 컬러를 비주얼 임팩트로 전달한 것이다. 이 광고는 제품을 넘어 소니의 브랜드 파워를 한 단계 올렸다는 호평을 받았다.

사람들의 기억 속에 남는 일은 쉽지 않다. 심지어 인터넷 서핑을 하며 방금 본 영상도 기억하지 못하는 경우가 흔하다. 기억해야 할 이유가 없기 때문이다. 특히 내게 필요한 정보가 아닐수록 그렇다. 하지만 사람들에게 반드시 필요하지 않은 대상에 기억해야 할 이유를 제공하고, 이를 창의적인 방법으로 전달한다는 것이 우리가 광고를 상업 예술이라 부르는 이유이다.

나를 화나게 하는 디자인

▼

나는 여러 회사를 다니며 다양한 프로젝트를 경험할 수 있었다. 크고 작은 것까지 합치면 족히 수백 개의 프로젝트에 참여했다. 일을 진행하며 모든 과정이 문제없이 지나간다면 좋겠지만, 아쉽게도 대부분은 힘든 구간 즉 '굴곡'이 존재한다. 굴곡을 겪는다고 해서 프로젝트가 반드시 잘못되지는 않는다. 어떠한 고비도 일어나지 않는다면 뭔가 빠진 듯한 찜찜함마저 생긴다. 그러나 이 굴곡을 잘 넘기면 오히려 프로젝트를 성공적으로 진행하는 데 도움이 되기도 한다.

개인적으로 기억에 남는 굴곡에 관한 이야기가 있다. 디자인 에이전시에 다니던 시절, 재무설계사를 위한 iPad 앱 프로젝트에 디자인 리드로 참여했다. 당시 나는 디자인 실력으로 누구든 놀라게 할 수 있다는 자신감에 차 있었다. 앱디자인을 처음 구상하면서 마치 나이키 피트니스 앱처럼 멋진 이미지와 색상 폰트를 사용해 시각적으로 매력적인 디자인을 만들었다. 그리고 몇 주 후 다가온 첫 번째 클라이언트 미팅에서 당당하게 프레젠테이션하며 당연히 찬사를 받으리라 기대했다. 그런데 클라이언트의 반응은 내 예상과 정반대였다.

클라이언트 측 대표는 내 디자인 프레젠테이션이 끝나기 무섭게 말했다. "이런 것이야말로 날 화나게 만드는 디자인입니다."

그리고 내가 앱 안에 배치한 멋진 이미지들을 가리키며 말했다. "대체 여기서 왜 내가 요트 타는 사람의 사진을 봐야 하죠?"

순간 회의실에는 정적이 흘렀고, 그의 반응에 나도 적지 않게 당황했다. 하지만 침착하려고 애쓰며 그에게 질문했다. "그럼 어떤 방향성을 지닌 디자인을 보고 싶으신가요?"

그는 바로 대답했다. "앱을 열자마자 내게 필요한 숫자들이 보이면 됩니다. 이런 무의미한 사진 대신."

그 미팅 이후로 한참을 깊은 생각에 잠겼다. 대체 무엇이 잘못됐을까? 며칠간 고민 끝에 이런 결론에 다다랐다. 내 디자인은 결국 내 취향을 반영했을 뿐이지, 클라이언트를 위한 해답이 아니라는 사실이었다. 디자인은 맥락과 방향이 중요하고, 올바른 디자인을 하기 위해선 사용자나 클라이언트의 의견에 귀를 기울여야 한다는 기본을 다시금 상기했다.

그 후 첫 미팅 때 받은 피드백을 모두 디자인에 반영하려 노력했고, 다른 옵션도 함께 준비했다. 나는 디자인을 3가지로 준비해 공유했다.

첫 번째는 오로지 실용성에 중점을 둔 아주 간결한 디자인이었다. 두 번째는 재무설계사에게 필요한 핵심 정보를 방해하지 않는 선에서 의미 있게 시각적 요소를 더했다. 그리고 마지막은 첫 미팅 때 클라이언트에게 보여준 디자인만큼은 아니지만 시각적인 부분에 많이 신경 쓴 진보적 디자인이었다.

내가 준비한 디자인을 모두 본 클라이언트는 먼저 본인들의 피드백을 잘 반영한 부분에 고마움을 표했다. 그리고

3가지 다른 옵션을 보고 나니 그들도 너무 실용적이기만 한 디자인은 원하지 않는다는 사실을 깨달았다고 말했다. 그 결과 의미 있게 시각적 요소를 더한 두 번째 방향에서 모두의 의견이 일치되었고, 프로젝트는 다행히 정상궤도로 돌아올 수 있었다.

클라이언트의 반응이 내 예상과 다르다고 일희일비할 필요는 없다. 다만 클라이언트가 진정으로 원하는 바가 무엇인지 파악하고, 그들에게 적절한 선택지를 주어야 한다는 점을 명심해야 한다.

개선과 규제 사이에서
균형 잡기

▼

다른 이들과의 의견 충돌은 일을 하다 보면 언제나 발생할 수 있다. 이런 굴곡은 대부분 더 수준 높은 디자인을 만들거나 필요조건을 충족하기 위해 일어난다.

한번은 우리 팀이 거의 작업을 완료한 페이지에 대해 법무팀에서 급하게 수정 요청이 들어왔다. 해당 페이지에 법적 안내 메시지를 추가해야 한다고 했다. 이런 경우 프로젝트 초반에 해당 사실을 알고 있어야 프로젝트가 안정적으로 진행될 수 있다. 하지만 그 당시에는 디자인 프로세스가 상당히 진행된 상황에서 뒤늦게 추가되었고, 제안이 아닌 사실상의 명령인지라 팀원들 모두 꽤 어안이 벙벙했다.

메시지의 톤이야 그렇다 쳐도 문제는 이것이 모바일 앱이었던 만큼, 해당 페이지에 그 정도로 긴 메시지를 추가할 공간이 없었다. 억지로 넣었다간 페이지의 기능적·미적 균형이 완전히 무너질 것 같았다. 우리는 다양한 방안을 모색했는데, 우리가 사용하는 디자인 시스템에서 제일 작은 폰트보다 더 작게 해서라도 메시지를 추가하자는 의견이 강력했다. 하지만 디자인 규칙뿐 아니라 미학적인 밸런스마저 깨는 일은 옳지 않다고 여겨, 다른 방법을 찾아보자고 팀원들을 다독였다.

다만 해결책을 찾지 못한다면 법무팀의 제안을 따르기로 해당 프로젝트 매니저 및 디자인팀과 내부적으로 합의했다. 아무리 디자인의 가치와 사용성 수준을 지키고 싶어도, 법적으로 혹은 기능적으로 크게 문제가 발생하면 웬만한 경우 한 수 접어야 하는 게 현실이다.

우리 팀은 대략 10가지 정도의 옵션을 디자인하고 이를 프로토타입(시제품)으로 구성해, 법무팀에서 실제로 이것이 사용자에게 어떻게 보이는지 정확하게 알 수 있도록 준비했다. 정지된 2D 스크린보다 작동하는 순서와 상호작용 방식을 직접 보여주는 프로토타입이 몇 배나 더 효과적이기 때문이다. 우리는 이 프로토타입을 바탕으로 디자인과 법리 사이에서 합리적 균형을 찾기 위해 법무팀과 여러 차례 미팅을 거쳤다.

처음에는 주저하던 법무팀도 몇 번의 미팅을 하는 동안 우리의 다양한 디자인을 보고 피드백하며 이 일을 함께 해결하고자 했다. 결국 우리는 그들을 설득하는 데 성공해, 길고 긴 법적 메시지를 모두 넣는 대신 '법적 요구 사항은 여기서 더 알아보세요'라고 쓰인 링크 버튼을 만들고 그 아래 해당 메시지를 보관하는 방법을 택할 수 있었다.

솔직히 한숨 돌렸다. 디자이너들은 자신이 만든 작업물을 통해 자존감을 높이는 사람들이다. 아무리 법적인 필수 항목 때문이라 해도, 내가 만든 디자인이 완전히 망가지는 상황에서 괜찮을 디자이너는 많지 않다. 특히 이 요구가 어쩔 수 없이 관철되었다면 참가한 사람 모두가 달가워하지 않는 결과로 이어졌을 것이다.

하지만 언제나 그렇듯 이 굴곡은 하나의 과정일 뿐이다. 어려움이 닥쳐도 서로 머리를 맞대고 여러 방향을 모색하다

보면 결국엔 답이 나오는 경우가 훨씬 많다. 그런 측면에서
일의 굴곡은 프로젝트의 필요악이 아닐까?

악마는 디테일에 있다

▼

디자인을 하다 보면 답이 없음에도, 답을 만들어야만 하는 경우가 생긴다. 예전에 마이크로소프트에서 디자인 시스템을 리드할 때 일이다. 내가 관장한 클라우드·인공지능 부서는 수십 개의 프로덕트가 속한 만큼 셀 수 없이 많은 디자인 가이드가 필요했다. 메뉴 버튼을 예로 들면, '이 메뉴가 어디에 어떤 식으로 사용되는데 이를 뒷받침하는 이유와 리서치 결과는 다음과 같다'처럼 디테일을 붙여 사람들에게 안내해야 한다. 그런데 이 중 '…' 아이콘, 한국에서는 그냥 '점점점'으로, 영어로는 'Three dots' 혹은 'Ellipsis' 등으로 불리는 아이콘의 가이드를 만드는 일이 생각보다 어려웠다.

하루는 한 디자이너가 내게 이런 질문을 했다. "혹시 '⋯' 아이콘의 정렬 방향(가로 혹은 세로)에 대한 가이드가 존재하나요?"

"어딘가 있을 것 같은데요?"라고 대답하며 찾아봤는데, 아무리 찾아도 '⋯' 아이콘의 사용처 외에 이 정렬을 가로로 해야 하는지 세로로 해야 하는지에 대한 자체 가이드가 없었다.

그렇게 시작된 '⋯'의 가이드 제작. 일반적으로 디자인 가이드를 만들 때 처음 하는 일은 '⋯'이 우리 디자인 생태계 안에서 어떻게 사용되는가를 전수조사 하는 것이다. 수십 개의 프로덕트에 들어간 '⋯'의 모습을 모두 파악한 결과 예상보다 더 심각하게 사람들이 가로, 세로 정렬을 아무 이유 없이 섞어 쓰고 있었다.

다음으로 우리를 제외한 다른 동종 업계에는 어떤 가이드가 존재하는지 찾아보았다. 그리고 이들 사이에 일관성이 있는가를 파악했다. 그 결과 '⋯' 아이콘의 정렬 방식에서 업계의 일관성 있는 가이드나 어느 방식이 더 좋은가를 판단할 만한 어떤 리서치도 찾을 수 없었다.

어떤 이들은 세로 공간이 부족할 때는 가로 정렬을, 반대로 가로 공간이 부족할 때는 세로 정렬을 사용해 공간을 확보해야 한다고 주장했다. 하지만 대부분의 경우 아이콘이 들어가는 자리 자체가 정렬 방식에 상관없이 코드 레벨에서 규격화된 공간을 확보하고 있다. 가령 세로로 사용하면 아이콘의 가로 면적이 더 좁아질 것 같지만, 아이콘 자리에는 애초에 할당된 넓이가 있어 하드코딩으로 공간을 변경하지 않는 한, 실제 넓이의 차이는 정렬 방식과 상관이 없다. 또 사람이 해당 아이콘을 누를 수 있는 최소한의 터치 영역이 반드시 필요한데, 이를 고려해 디자인한다면 결국 한 방향으로 좁게 아이콘을 만드는 일은 해결책이 될 수 없다. 터치 영역은 아이콘의 경우 정사각형 면이 기본이기 때문이다.

'…'의 가이드는 기능성이 아닌 일관성에 관한 문제가 본질이었다. 이후 우리는 사람들에게 조사 결과를 공유하고, 그들의 의견을 수렴했다. 그리고 세로 정렬과 가로 정렬 중 어느 방식을 더 많이 사용하는가를 고려해 다수가 선택한 쪽(가로 정렬)으로 일관성 있게 적용하는 가이드를 구축했다.

정답이 없는 이슈라고 해서 방치한다면 그 부분에서 계속 같은 문제가 발생할 것이다. 누수 사고도 처음에는 아주 작은 물방울에서 시작하듯이, 일관성 없는 디자인은 자칫 치명적인 사용성 저하로 이어질 수 있다. 디자인은 결국 작은 디테일에서 승부가 나기 때문이다.

가능성의 확장,

브랜드 컬래버레이션

▼

'1+1=2'일까? 수식적으로는 맞는 답이다. 그러나 이를 브랜드 혹은 프로덕트의 개념에 대입해보면 그 답은 얼마든지 달라질 수 있다. 환경과 맥락에 따라 전략적으로 컬래버레이션을 잘하면 '1+1=2'를 훨씬 뛰어넘는 가치가 창출될 수 있기 때문이다.

이번 글에서는 다른 것들을 하나로 섞었을 때 긍정적 결과가 만들어진 사례를 몇 가지 소개하고자 한다.

▪ 버거킹 × 맥도날드

아르헨티나에서 버거킹이 시작한 '와퍼 없는 날' 캠페인
은 패스트푸드 업계의 치열한 경쟁자인 버거킹과 맥도날드
가 대의를 위해 힘을 합친 사례다. 이 캠페인은 맥도날드가
대표 메뉴 빅맥의 판매 수익금을 소아암 어린이에게 기부하
는 연례행사 '맥해피데이'의 일환이었다. 버거킹은 2017년
11월 10일, 아르헨티나의 107개 매장에서 하루 동안 그들
의 대표 메뉴인 와퍼를 판매하지 않기로 하고, 고객들에게
맥도날드의 빅맥을 구매해 이 캠페인에 동참할 것을 권유했
다. 행사 당일 빅맥 판매량은 전년 대비 73,437개 더 증가했
다. 이 파격적인 캠페인은 단순한 마케팅 전략이 아니라 기
업이 가진 사회적 책임의 중요성을 부각하는 상징적 예시로
자리 잡았다. 이는 경쟁사라도 대의를 위해 잠시 경쟁을 내
려놓을 수 있다는 점을 보여주어 대중으로부터 엄청난 관심
을 받았으며 마케팅 측면에서도 큰 성공을 거두었다. 버거
킹도 맥도날드의 자선 행사를 모방한 캠페인을 진행할 수
있었지만, 경쟁이 아닌 화합을 택하며 사회적 책임과 마케
팅에서 일거양득의 효과를 거두었다.

▪ 나이키 × 애플

2000년대 중반에 시작된 이 두 기업의 파트너십은 운동과 기술을 결합해 피트니스의 새로운 시대를 열었다 해도 과언이 아니다. 현재 많은 웨어러블 디바이스의 모태가 된 '나이키 플러스 아이팟 스포츠 키트Nike+iPod Sport Kit'가 바로 여기에서 탄생했다. 2006년 출시된 이 제품은 나이키 신발에 여러 기능이 내장된 IoT(사물인터넷) 칩을 넣고, 이를 아이팟과 연결해 사용자가 이동한 거리 및 칼로리 소모량과 같은 필수 지표를 보여주었다. 당시 건강과 피트니스에 대중의 관심이 높아지는 추세를 정확히 포착해, 애플이 지닌 디지털 및 음악적 전문성을 나이키의 운동과학과 융합한 것이다. 이는 스포츠 분야에서 웨어러블 기술을 실생활에 적용해, 그 잠재력을 대중에게 선보인 첫 사례였다. 여기서 얻은 많은 노하우는 아이폰과 연동해 사용할 수 있는 웨어러블 워치인 '퓨얼밴드'로 진화해 큰 성공을 거두었고, 이 협업은 현재까지도 '애플워치 나이키'로 지속되고 있다. 이 새로운 기기는 단순한 스마트워치가 아니라 손목 위의 개인 피트니스 코치로 불릴 만큼 체계적인 훈련 계획과 개인 맞춤형 코칭, 전 세계 러너들을 연결해주는 소셜 네트워킹 기능까지 갖추고 있다. 이를 통해 칼로리 측정 같은 기본 기능을 넘어 사용자들에게 종합 피트니스 경험을 제공한다. 디지털 기술을 바탕으로 음악과 피트니스를 적절히 섞은 두 기업의 협업은 단순히 새로운 제품의 출시 그 이상의 파급력을 보여준다. 그들은 웨어러블 피트니스 기술의 대중화를 이끌었고, 특히 애플워치의 경우 피트니스 애호가를 넘어 일반 소비자에게까지 광범위하게 어필하는 애플의 대표 제품군 중 하나로 자리 잡았다.

■ 마스터카드 × 음악

예전 R/GA를 다닐 때 미야모 뮤직 앱Miyamo music app이라는 아이폰 앱 디자인 프로젝트에 참여했다. 이 프로젝트를 통해 우리 팀은 '칸 크리에이티브 어워즈Cannes Creative Awards'라는 디자인 업계에서 가장 영예로운 상을 받을 수 있었다. 앱 자체의 디자인적 완성도나 심미성도 훌륭했지만, 가장 큰 이유는 문화와 데이터의 환상적 결합이 아니었나 한다. 그 당시 떠오르던 젊은 밀레니얼 세대에 마스터카드 브랜드를 어필할 수 있는 혁신적인 무언가를 만드는 것이 목표였다. 팀에서 여러 아이디어가 쏟아져 나왔지만, 좀처럼 갈피를 잡기 어려웠다. 하지만 우리는 새로운 세대에 맞는 과감한 방향이 필요하다고 생각했다. 2000년대 중후반 아이폰의 등장과 함께 젊은 세대를 기반으로 급성장하던 음악 스트리밍 시장을 활용하면, 그들에게 마스터카드 브랜드를 전략적으로 어필할 수 있다고 판단했다. 당시 뮤직 앱은 대단히 심플하거나 카 오디오 스타일을 온라인으로 옮겨온 수준의 디자인이 대부분이었다. 그래서 시각적 자극에 예민하고, 개인 맞춤형 커스텀 디자인을 선호하기 시작한 밀레니얼 세대를 위해 '음악'과 '정보 시각화'를 섞는 과감한 결정을 했다. 이 앱은 사용자가 아이튠즈에서 가장 많이 듣는 음악 12곡을 아름다운 꽃으로 시각화해 보여준다. 각각의 음악이 하나의 꽃잎으로 표현되고 이를 합치면 한 송이의 아름다운 꽃이 나타나는데, 본인의 취향에 맞게 커스터마이징 할 수 있다. 꽃의 중앙을 차지하는 꽃잎은 사용자가 가장 많이 듣는 음악으로, 이를 다양한 패턴과 일러스트레이션으로 직접 재구성할 수 있다. 앱의 바탕화면도 사용자가 많이 듣는 곡의 장르와 개인 기호에 맞게 직접 디자인할 수 있는 옵션을 제공했다. 결과는 대성공이었다. 아쉽게도 마스터카드의 내부 사정 때문에 전 세계 출시는 좌절됐지만, 발매된 나라에서 앱스토어 전체 랭킹 2순위와 뮤직 앱 랭킹 1순위를 기록했다. 이런 대중적 성공으로 마스터카드는 어른들이 쓰는 카드 회사라는 이미지에서 탈피해 젊은 세대에도 과감히 어필할 줄 아는 브랜드라는 평판을 얻었다. 이처럼 기존에 없었던 다른 요소를 적절히 섞는다면 브랜드의 경계를 확장하거나 깊이를 더하는 데 큰 역할을 할 수 있다.

위의 사례들처럼 2가지 다른 영역 혹은 가치 등을 섞었을 때 그 결과는 더하기나 곱하기 이상을 보이는 경우가 많다. 적절한 맥락과 타이밍을 전제로 한다면 이러한 컬래버레이션은 창조적 결과물을 만들어주는 효과적인 방법이 될 수 있다.

당신의 새로운 경쟁력, 사이드 프로젝트

▼

예전에는 모바일 OS 경쟁이 다양한 편이었다. 하지만 아이폰과 안드로이드폰이 시장을 양분하고 있는 지금, 새로운 모바일 OS 강자가 등장하기란 쉽지 않다. 모바일 앱이나 콘텐츠 사업자 등은 결국 이 시장을 장악하고 있는 플랫폼 사업자의 인프라스트럭처에 의존할 수밖에 없는 상황이다. 글로벌 히트 게임 '포트나이트Fortnite'를 제작한 에픽게임즈Epic Games가 이러한 현실에 불만을 제기하며 애플의 앱스토어 수수료를 문제 삼아 법적 싸움을 벌인 적이 있었다.

그러나 해당 소송 이후로 앱스토어의 수수료 정책은 사실상 달라진 것이 없다. 이처럼 아무리 힘센 '을'이라도 절대 '갑'인 플랫폼 사업자를 그들의 게임에서 이기기란 쉽지 않다. 메타Meta도 이러한 의존적 환경에서 언젠가 큰 곤경에 빠질 것을 우려해 오래전부터 AR/VR 플랫폼이나 AI 같은 기술에 천문학적인 금액을 투자하고 있다. 현재 모바일 중심의 판에서 AR/VR 플랫폼 등으로 다각화시켜 그 게임의 룰을 지배하면 장기적 경쟁 우위를 확보할 수 있는 만큼, 회사의 미래를 건 베팅을 하고 있다. 물론 AR/VR의 시대가 벌써 왔다고 하기에는 무리가 있고, 미래에도 모든 사람이 모바일에서 AR/VR로 반드시 넘어가리라 보기 어렵다. 하지만 견고하게 짜인 한정된 판에서 이길 수 없는 게임만 하기보다, 새로운 판을 만들고 그 안에서 동반 성장하겠다는 계획은 길게 보았을 때 비즈니스적으로 올바른 판단이다.

아마존의 창업자 제프 베이조스는 "세상에는 똑똑해지는 수많은 방법이 존재한다"라고 말했다. 그는 대학 시절 이론 물리학자가 되길 희망했지만, 자신은 많은 시간을 들여야 하는 계산을 다른 친구가 몇 분 만에 머릿속으로 푸는 모습을 보고 컴퓨터 공학으로 진로를 변경했다. 훗날 세계 최대 IT 기업 중 하나인 아마존을 세운 그는, 자신이 이론물리학의 길을 고집했다면 그저 그런 학자로 잊히게 되었을 거라고 회고했다. 그조차 절대로 이길 수 없는 판이 존재했다.

기술이 발달하고 경쟁이 심해지면서 새로운 판이 계속 생겨나고 또 발전을 거듭하고 있다. 이 과정에서 개인에게 중요한 점은 이 변화를 어떤 식으로 바라보고 적응할 것인가다. 확신과 능력이 있다고 해서 모두가 제프 베이조스처럼 잘 다니던 회사를 관두고 아마존에 전부를 걸 수 있는 것은 아니다. 또 처음부터 변화를 이끄는 분야나 조직에 운 좋게 속해 일할 수 있지도 않다. 그렇기 때문에 사이드 프로젝트(혹은 개인 프로젝트)를 실천하는 일이 중요하다. 사이드 프로젝트를 하면 새로운 영역에 도전하기 위해 처음부터 내가 가진 모든 것을 걸 필요가 없다. 또한 여기에서 얻은 경험을 통해 새로운 기술과 분야에 대한 이해를 높이며 장기적인 커리어 발전을 함께 추구할 수 있다. 이러한 장점 때문에 개인적으로도 여러 사이드 프로젝트를 디자이너로 활동하는 내내 함께 진행해오고 있다.

암호화폐의 대중적 확산을 기반으로 블록체인의 다양한 적용이 모색되던 시기와 미국 연준의 양적완화 정책이 기가 막히게 일치했던 2021년과 2022년, 전 세계는 NFT(Non Fungible Token, 대체 불가능 토큰) 열풍에 휩싸였다. 그 당시 나도 몇몇 동료들과 사이드 프로젝트로 'ZBRC'라고 하는 NFT 프로젝트를 만들어 활동했고, 이를 한국의 게임사와 함께 게임으로까지 발전시키려는 계획을 세웠다. 1만여 개의 아트워크를 정성 들여 만들고, 스토리 전개와 배포 방법 등을 매일 밤 고민하며 6개월간 많은 시간을 투자했다. 하지만 아쉽게도 미국 연준이 양적긴축을 시작함과 동시에 NFT 시장 전체가 큰 타격을 받았고, 이 영향으로 열심히 준비했던 프로젝트가 약간은 허망하게 막을 내렸다. 하지만 여기에서 많은 교훈을 얻을 수 있었다. 그중 가장 큰 배움은 내가 생각하는 비즈니스의 소재가 이전에는 꽤 한정적이었다는 깨달음이었다. 항상 '어떤 모바일 앱을 만들면 성공할 수 있을까?' 정도가 고민의 한계였는데, 새로운 판이 깔리면 새로운 적용 방식과 기회가 폭발적으로 쏟아져 나온다는 사실을 배웠다. 이후 2022년부터 생성형 AI가 대두되었다. 본격적으로 챗GPT나 미드저니 같은 여러 인공지능 툴이 나오기 시작하면서, 이들을 활용한 디자인의 발전 가능성에 큰 관심을 갖게 되었다. 나는 수많은 시간을 인공지능 툴들을 활용해 창의적인 작업물을 만들며 보냈다. 그리고 이러한 경험을 프레젠테이션 형식으로 모아 회사 안팎의 사람들과 공유했다. 그 결과 인공지능 관련 프로젝트에 직접 참여하거나 여러 행사에 초대받아, 인공지능 기술의 디자인적 활용에 대한 내 지식과 경험을 공유하는 기회를 얻었다.

이제 최신 기술을 중심으로 세상은 빠르게 바뀌고, 이에 맞춰 새로운 판이 계속 등장하며 발전할 것이다. 현명한 개인으로서 이러한 변화의 흐름을 선도할 수 있는 최고의 방법, 아니 유일한 방법은 사이드 프로젝트를 통해 끊임없이 경험하고 자신을 발전시키는 일이 아닐까?

노동의 대가는

합당하고 정당하게

살다 보면 좋은 뜻에서 시작했음에도 나중에 후회하게 되는 일이 종종 생긴다. 특히 당신이 가진 기술이나 재능을 남들에게 제공했을 때 내 생각과 다르게 일이 진행된다면 안 하느니만 못하다. 당신의 귀중한 시간과 노동력을 써서 무언가를 만들었을 때는 그에 걸맞은 보상이 있어야 한다. 이 보상은 무형의 가치일 수도 있고 혹은 금전적 보상일 수도 있다.

디자이너들은 학생 때부터 주변에서 디자인 아르바이트

를 하는 경우가 많다. 경험이 없는 초창기에는 그런 기회 자체가 감사한 일이고, 이 과정을 통해 무엇이라도 배울 수 있다는 큰 장점이 있다. 하지만 대학 졸업 후 어느 정도 전문성을 갖춰 프리랜서로 일할 때는 자신만의 기준을 확립할 필요가 있다. 그렇지 않으면 마음이 상하거나, 시간을 버리거나, 금전적 손해를 입거나 혹은 이 모두를 경험하는 어처구니없는 경우가 생길 수 있다. 본인은 철두철미한 성격이라 그럴 일 없다고 장담할지 모르나, 누구나 길을 걷다 보면 실수로 오물에 발을 디딜 때가 있다. 이처럼 사회생활 속에서 원치 않는 일을 피할 확률은 그다지 높지 않다.

그리고 누군가는 당신이 이러한 난관에 봉착했을 때 "내가 저번에 그랬지?" 혹은 "네가 그러면 그렇지"와 같은 걱정으로 포장된 훈수를 두지만, 그들의 첨언은 큰 도움이 되지 않을 때가 많다. 남들이 던지는 사후약방문 같은 말이 내게 얼마나 큰 의미가 있겠는가? 진정 중요한 것은 원치 않는 사태를 맞닥뜨렸을 때 이에 대처하는 나만의 접근법을 체득하는 일이다. 이번 글에서는 내게 부끄러운 과거이지만 동시에 중요한 교훈을 주었던 프리랜서 프로젝트 경험을 공유하고자 한다.

■ "네가 했다고, 네 것은 아니잖아?"

뉴욕에 살던 시절, 자주 들르던 카페가 있었다. 출근길 중간에 액세서리 도매상 귀퉁이에 있던 아주 작은 카페였는데, 손님이 별로 없어 바쁜 아침에 빨리 커피를 주문하기가 좋았다. 이후 꾸준히 들르다 보니 가게 매니저와 친분이 생겼다. 그래서 주변 지인들도 소개해주고, 나도 더 자주 가면서 마치 가게의 일원이 된 듯한 착각이 들었다. 그렇게 작게 시작한 카페는 점점 사람이 많아져 확장하게 되었는데, 기존의 형편없던 브랜딩에 마음이 쓰여 내가 직접 이름을 지어주고 로고도 만들어 깜짝 선물했다. 그는 연신 고맙다며 감사를 표했고 그렇게 해피엔딩이 될 줄 알았다. 그런데 어느 날부터 그는 자신이 가게 이름도 만들고 리브랜딩을 추진한 것처럼 이야기하더니, 급기야 내 허락도 없이 한국에 있는 자기 지인에게 내가 만든 브랜딩을 마음대로 사용하게 했다. 너무 어이가 없어 '왜 내 허락도 없이 그런 짓을 했느냐?'라고 따지자, '네가 했다고 소유권이 있는 것은 아니지 않냐?'라며 적반하장으로 나왔다. 그래서 나는 '당신은 이 가게 주인도 아닌 매니저일 뿐이고, 나는 새로운 브랜딩을 이 공간에 선물한 것이지 당신에게 브랜드 라이선스를 마음대로 배포할 권한을 준 적은 없다'라고 말했다. 그는 미안하다며 상황을 얼버무렸다. 그러나 그 이후로는 내 험담을 하고 다니기 시작했고, 나도 자연스레 그곳과 멀어지게 되었다. 선의와 호감에서 진행한 일이었지만 결과가 이렇게 되고 나니 마음이 매우 씁쓸했다.

■ "친구야, 한 번만 부탁한다."

어느 날, 한국의 대기업 계열사에 이사로 있던 동창에게서 연락이 왔다. 그는 본인 회사에서 NFT 프로젝트를 시작하는데 내게 사이드로 도움을 받을 수 없겠냐고 문의했다. 개인적으로 너무 바쁘기도 했고, 친구 사이에 괜한 거래도 부담스러워 두 번에 걸쳐 거절 의사를 밝혔다. 그린데도 계속 부탁을 해와서 어쩔 수 없이 응했다. 나는 프로젝트가 성공하면 사례금은 나중에 받더라도, 일단 사람을 모아 팀으로 작업해야 하니 일의 착수 및 진행 비용을 그의 회사에 요청했다. 동창은 당연히 그렇게 하겠다고 대답하며 계약서의 사인과 진행비 지급을 프로젝트 시작 2주 안에 마무리 짓겠다고 호언장담했다. 한국의 대기업이 하는 일이기도 하고, 동창이니만큼 믿고 진행했다. 내 개인 SNS를 통해 프로젝트에 참가할 인원을 모집했고, 그들에게 디자인의 구축 및 작업 방향을 잡아주며 일을 시작했다.

그런데 약속한 2주가 지나도 계약서와 진행비 지급에 대해 아무런 말이 없었다. 친구에게 물어보자, 자신이 회계 담당에게 서류를 제출했으니 다음 달 초 지급될 거라고 말했다. 그리고 변호사가 현재 계약서를 검토 중이라 조금만 기다려 달라는 말도 보탰다. 그런데 뭔가 조금 이상했다. 수많은 프리랜서 프로젝트를 해봤지만, 회사가 대금 지급을 하는 데 필요한 가장 기본적인 신분증과 통장 사본 제출을 요구하지 않는 경우는 한 번도 없었다. 그런데 친구는 이 기본적인 서류조차 요구하지 않았으면서, 그쪽 회사의 회계 담당이 무슨 수로 내게 진행비를 입금할 수 있다는 걸까? 프로젝트가 진행된 지 한 달이 넘은 시점에도 친구는 여전히 내게 변호사와 회계 담당의 처리가 늦어진다는 소리를 반복하며 시간을 더 달라고 간곡하게 부탁했다. 그래서 이때부터 대화를 녹취했는데, 매번 말이 바뀌며 다른 사람 혹은 다른 상황 핑계만 늘어놓았다. 그와 동시에 프로젝트가 진행되는 동안 NFT 시장의 움직임이 눈에 띄게 줄어들면서 친구의 태도가 조금씩 달라지기 시작했다. 아무래도 발을 빼고 싶어 하는 모양새였다.

몇 달이 지나자 나를 믿고 이 프로젝트에 참여한 다른 디자이너들에게 약속한 진행비를 미룰 수 없어, 일단 내 개인 돈에서 대금을 지불했다. 그리고 그간 수집한 대화와 녹취록을 들고 가서 변호사 두 명과 상담했다. 변호사들은 요즘 많이 불거지는 문제인데, NFT 시장의 열기가 식으며 대기업들이 그런 식으로 프로젝트 의뢰 비용을 지불하려 하지 않는다고 대답했다. 그런데 내 경우에는 증거도 확실하고 무엇보다 계속 바뀌는 친구의 말이 녹취와 메시지 그리고 이메일 등으로 기록되어 있어 무난하게 이길 수 있다고 했다. 게다가 프로젝트 막판에 그는 내게 불법적 리베이트를 요구했으며, 자신이 다른 회사와 이야기가 잘되어 조만간 이직할 예정이라 앞으로의 일은 잘 모르겠다는 황당한 발언을 내뱉었다. 이 일을 주변 지인들과 상담하며 어떻게 해결해야 할지 많이 고민했다. 결과는 어떻게 되었을까? 나는 소송을 진행하지 않아 고스란히 금전적 피해를 떠안았다. 승소의 확률이 압도적으로 높았음에도 소송을 포기한 이유는 승소해도 금전적 피해를 전부 보상받지 못할뿐더러, 대기업과 싸우는 일인 만큼 정신적 스트레스가 만만치 않을 거라는 조언이 많았기 때문이다. 게다가 불과 몇 달 뒤에 첫 아이가 태어날 예정이었다. 나는 이런 부정적인 일에 시간과 에너지를 쓰고 싶지 않아 결국 소송을 포기했다. 돈을 잃은 것보다 귀중한 시간을 잃고 마음이 상했던 일이 더 안타까웠다.

◾ "제 시간당 비용은 ○○○입니다. 진행하시겠습니까?"

이런 일들을 오랜 시간에 걸쳐 겪다 보니 프리랜서 프로젝트에 대한 확고한 기준이 생겼다. 이 기준에 부합하지 않으면 절대로 일을 맡지 않는다. 그리고 생각보다 내 시간과 노력에 정당한 가치를 지불할 의사가 있는 사람들이 많이 존재했다. 이 이후에도 몇몇 스타트업과 파트너십으로 일을 도와줄 기회가 있었는데, 그때마다 나는 내 시간당 비용을 적지 않게 불렀다. 가장 큰 이유는 해당 프로젝트를 위해 사용할 내 시간뿐 아니라, 그 노동과 결과의 가치를 인정해주는 의뢰인의 기준을 높이고 싶었기 때문이다. 마치 같은 물건이라도 품질을 신뢰할 수 있는 백화점에서 사람들이 더 높은 금액을 지불하듯이, 나와의 파트너십을 존중할 의사가 있는 곳들과만 일하겠다는 내 기준이 생긴 것이다.

영화 〈다크 나이트〉에서 조커는 이렇게 말한다. "잘하는 일이 있다면 절대 공짜로 해주지 마라."

"모든 일이 내 시간이다"

▼ **최인아책방 대표 최인아**

훌륭한 광고는 시간이 지나도 잊히지 않는다. 심지어 오랜 세월이 지나 광고 제품이나 브랜드는 더 이상 찾아볼 수 없지만, 광고 카피는 사람들의 뇌리에 오래도록 남는 경우가 많다. '그녀는 프로다. 프로는 아름답다'라는 주옥같은 광고 카피로 잘 알려진 최인아(현 최인아책방 대표, 전 제일기획 부사장)는 한국 광고업계의 레전드 중 하나다. 그녀가 2023년 출간한 책《내가 가진 것을 세상이 원하게 하라》는 불과 몇 달 만에 10쇄를 넘길 정도로 큰 반향을 불러일으켰다. 광고업계를 떠난 후 책방 마님으로 활동 중인 그녀의 책에 이토록 많은 이가 열광하는 이유가 궁금했다.

이상인(이하 이) 반갑다. 책을 출간하고 일정이 많이 바빴을 것 같다.

최인아(이하 최) 나도 반갑다. 바쁘지만 기쁜 마음으로 하루하루 보내고 있다. 출간 계약하고 7년 만에 나온 책이다 보니, 편집자들 속을 많이 썩이지 않았나 싶다.

이 책은 어떻게 쓰게 됐나?

최 이 책은 일을 바라보는 관점, 시선, 태도에 관한 내용이다. 몇 년 전부터 일에 대한 바람이 우리 사회에 불고 있는데, '애쓰지 말자. 이대로도 모두 괜찮다' 같은 내용 일색이다. 너무 하나로 휩쓸리니까 '조금 다른 목소리가 필요한 타이밍이 된 것 같다'라는 데 출판사와 공감했다. 일과 삶이 완벽히 다른 것이고, 이를 대척점으로 바라보는 시각이 팽배해져만 간다고 느꼈다. 그래서 열심히 일하는 사람이 바보 같아 보이기도 하고 그런 사람들이 오히려 소수가 되는 분위기다. 내가 좀 반골 기질이 있는데, 일에 대한 요즘 사람들의 관점이 그리 바람직하지는 않다고 생각했다. 일을 바라보는 태도에 어깃장을 놓고 싶었다.

이 개인적으로도 책을 읽는 동안 뜨끔한 자극을 여러 차례 받을 수 있어 좋았다.

최 나도 그렇다. '내가 썼으니 더 잘해야지' 생각한다. 사회와 나라를 위해서가 아닌, 나 자신을 위해서 열심히 일해야 한다는 메시지를 전달하고 싶었다. 스스로는 나의 아이덴티티를 '선배'라 생각하는데, 선배로서 이런 이야기는 꼭 해야 하지 않을까? 그래서 꼰대 소리 들을 각오하고 썼다.

이 책 속에 개인적으로 많이 와닿는 키워드가 있었는데, 바로 '쓰임'이란 말이다. 책을 관통하는 주요 키워드 중 하나인 것 같다.

최 나는 제일기획에 신입사원으로 들어가 임원까지 되었고, 거기서 퇴사했다. 하지만 정작 이 일이 내 일이구나를 깨닫기까지 십수 년이 걸렸다. 항상 발을 절반만 담가놓고 계속 도망갈 생각을 했다. 무언가를 자기 일로 하기 위해 필요한 2가지는 '재미'와 '의미'인데, 회사 일이 그저 재미있다는 것만으로는 성이 안 찼다. '이것도 아니고 저것도 아닌 것 같다' 했던 게 십수 년이었다. 흔히 잘된 프로젝트라 하면 기업 광고를 찍거나 브랜딩 작업을 했을 때 그들의 매출이 늘거나 브랜드 가치가 높아진 경우를 말한다. 그런데 이를 바꿔서 이야기해보자. 책을 쓰는 작가에게 "어떨 때 가장 큰 보람을 느끼세요?"라고 물으면 "책이 베스트셀러가 되었을 때"라고 답하는 것과 같다. 그러다 15년쯤 되었을 때 '아하!' 했던 순간이 찾아왔다. 나같이 못된 인간이 관두지 않고 계속하는 걸 보면 이 일이 나에게 천직인가 보다 하는 생각이 들었고, 드디어 그걸 받아들이게 됐다. 애쓴 것은 사라지지 않는다. 한 발만 담그고 보낸 시간 동안 아예 두 발 다 담그면 좋지 않았을까 싶기도 하겠지만, 그렇게까지는 생각하지 않는다. 내가 일의 의미를 찾아서 이건가 저건가 하던 시간이 지금의 내가 있기까지의 길을 열어줬다. 같은 회사, 같은 부서, 같은 업무를 하더라도 그 일에 대한 정의는 수없이 많을 수 있다. 하지만 일의 의미를 자기 언어로 정의하는 게 가장 중요하다. 나는 그 시간 동안 '광고란 이런 것이구나'를 정의할 수 있었다. 지금의 책방과 광고업은 다른 일이지만, 근원적인 부분에서는 맞닿아 있다. '클라이언트나 공동체가 가진 문제에 새로운 생각으로 해법을 제시하는 것이 내가 할 일'이라고 정의하니 책방도 충분히 할 수 있겠다는 생각이 들었다. 일을 할 때 내가 가진 역량이 무엇에 쓰이는지를 기준으로 보면 광고 회사부터 지금까지 지극히 연속적인 일을 하고 있다고 생각한다. 그렇기 때문에 관점이 중요하다.

이 일을 바라보는 자신만의 관점이 있어야 쓰임을 파악할 수 있는 것 같다.

최 그렇다. '나는 왜 두 번째 커리어로 책방을 했을까, 나는 어떻게 쓰이고 싶은가'라는 질문을 많이 했다. 영어 '보케이션Vocation'은 직업을 뜻한다. 어원은 보카레Vocare인데 '부름을 받다'라는 뜻이다. 옛날 사람들은 하나님의 부름으로 하는 것이 직업이었고, 그 일이 바로 그들의 소명이었다. 그래서 책방 상호가 '최인아책방'이긴 하지만 우리 사명은 '보이스Voice'다. 나는 몸을 움직이는 일이나 운전에는 전혀 재주가 없다. 하지만 말을 하거나 써서 전하는 달란트는 받았다. 상대방이 이해하게끔 전달하고 쓰는 일은 내게 주어진 능력이다. 이 달란트를 활용해 여기와 저기를 연결하는 쓰임이 있는 듯하다. 연결점이 없어 보이는 책과 사람들에게 접점을 만들어주는 게 내 역할이라 생각한다.

이 사회 초년생들은 일의 정의를 내리기가 더 어렵다. 경험이 아직 부족하고, 일에 파묻히다 보면 나를 되돌아볼 시간도 충분치 않기 때문이다. 어떻게 하면 이들도 자신의 쓰임을 정의할 수 있을까? 그리고 반드시 이 쓰임을 찾거나 찾는 방법을 알아내야 하나?

최 반드시 해야 할 필요는 없다. 하지만 전제가 있다. 흔히들 지금은 개인의 시대라고 이야기한다. 많은 젊은 친구가 '나는 나로 살고 싶다'라고 이야기한다. 부모 세대는 이런 욕구가 크지 않았다. 그들은 모든 일에 급급했다. 부모가 돼야 하니까 애를 낳았고, 직장에 가야 하니 취업하고 일을 했다. 여기에 '나'라는 선택지는 거의 없었다. 요즘 시대 청년들에게 기회가 줄었다는 말도 사실이다. 내가 초등학교에 다니던 때는 국민소득 1000달러가 국가적 캐치프레이즈였던 후진국 시절이었다. 하지만 요즘 젊은 친구들은 중진국에서 태어나 선진국에서 사는 경험을 하고 있다. 소득 수준이 차이가 나니 그들이 지닌 욕구의 레벨이 다르다. 부모 세대는 나를 자각할 시간 없이 살았지만, 요즘 세대에겐 내가 가장 중요하다. 형제 없이 혼자가 많고, 내 방 같은 나만의 공간이 보장된 상태에서 자란다. '나'라는 경계가 확실하다는 뜻이다. 그렇기에 '내가 여기 왜 와 있지? 이게 아니면 나는 뭘 하고 싶은 거지?'와 같은 질문이 부모 세대에 비해 많이 나올 수밖에 없다.

이 맞다. 특히 처음 사회에 나와 주어진 일을 하다 보면 '나는 누구인가' '내가 하는 일은 무엇인가'에 관한 질문이 많이 나올 수밖에 없는 것 같다.

최 흔히 통념이라는 게, 세상 사람들이 말하고 또 널리 받아들여지는 듯하지만 허술할 때도 많다. 그래서 누가 작정하고 질문을 던지면 생각보다 쉽게 벽이 무너질 수 있다. '길이 여기에만 있는 게 아니구나'를 알아차리게 된다. 그래서 책 제목인 '내가 가진 것을 세상이 원하게 하라' 앞에 '무조건 세상에 맞추지 않아도 돼'를 숨겨놓았다. 바쁘게 살다가도 이를 끄집어내는 게 어려운 환경은 아니다. 이제 개인의 시대가 되었고, 나를 자각할 수 있는 기회도 많다. 안테나를 밖으로 뻗어서 세상의 변화나 흐름을 따라가는 일도 중요하지만, 이에 못지않게 안테

나를 안으로 뻗어서 나는 누구인가 질문하는 일도 중요하다. 하드웨어는 사람에 따라 다를 수 있다. 하지만 하드웨어를 돌리는 게 바로 소프트웨어다. 그리고 무언가를 자발적으로 하는 일이 정말 중요하다고 생각한다. 평소에도 기업 강연을 종종 하는 편이지만, 이번에 책을 출간하고 평일 저녁 시간에 350명이나 신청한 대형 강연을 오프라인으로 연 적이 있다. 큰 강연이라 반응이 좋지 않으면 어쩌지 하는 걱정도 있었다. 하지만 강연이 끝나고 무려 200여 명이 사인을 받고 가셨을 정도로 반응이 뜨거웠다. 누가 떠밀어서가 아니라 자발적으로 오신 분들이라 더 열정적이었다고 생각한다.

이 한 단계 더 발전하고자 하는 열정이 있으신 분들이라 그랬던 듯하다.

최 누구에게나 약간의 결핍은 필요하다고 생각한다. 모든 게 주어지면 뭘 해야겠다는 욕망이 잘 생기지 않는다. 그래서 기업가들이 대단하다. 사실 돈을 불리는 건 그냥 투자회사에 맡겨도 된다. 그런데 기업가들은 그 일을 직접 찾아서 한다. 자발적으로 무언가를 한다는 것의 끝판왕이다. 세상을 움직이는 힘은 그런 자발성에서 나온다고 생각한다. 범인들은 일반적으로 나한테 뭔가 부족할 때 움직인다. 하지만 모든 것을 갖추고도 한 발 더 움직이는 사람들이 기업가다. 무언가를 하려는 의욕 자체가 정말 큰 자산이다. 그렇다면 지금 시대의 숙제는 많은 것이 갖춰진 상태에서 '나는 그 의욕을 어떻게 현실로 만들어낼까'에 초점을 맞춰야 한다고 생각한다.

이 중요한 포인트 같다. 일을 하다 보면 기복도 참 많지 않은가?

최 세상에 좋기만 한 일도, 나쁘기만 한 일도 없다. 처음에는 좋은 줄 알았는데 나중에 보니 다른 기회를 막는 일이기도 하고, 또 나쁜 줄 알았는데 돌이켜 보니 내게 필요한 근육을 붙여준 일인 경우도 있다.

이 일을 그렇게 바라보는 태도가 중요한 것 같다.

최 지금은 종영한 〈낭만닥터 김사부〉라는 드라마를 참 좋아하는데, 겉으로 드러난 소재는 병원 의사들의 이야기다. 하지만 알고 보면 성장 드라마에 가깝다. 천방지축이던 젊은 의사가 여러 일을 겪고 선배들을 만나며 괜찮은 의사이자 사람으로 성장한다. 일만 하고 쉬지 말자는 이야기가 아니다. 지향점을 말하는 거다. 사람들은 회사의 '법카' 쓰기를 좋아한다. 내 주머니에서 나가는 돈이 아니니 그렇다. 그렇다면 시간은? 회사에서 쓰는 시간은 남의 것이 아니라 내 인생의 시간이다. 이 시간은 다시 돌아오지 않는다. '어차피 월급은 정해져 있는데 왜 더 열심히 해?'라는 태도는 정작 내 인생에 도움이 되지 않는다는 이야기다. 소중한 한때에 회사 생활을 한다고 해서, 그 시간이 회사 시간에서 빠져나가는 게 아니다. 자기 인생을 쓰는 거다. 내 인생을 잘 살고 싶다고? 그렇다면 충만하지 않게 사는 일이 과연 내게 유익할까? 이처럼 모든 이야기의 중심은 언제나 나 자신이다. 회사나 환경이 아니다.

PART 3

개인과 일

'나다움'이 가장 큰 경쟁력이다

특히 인공지능 시대가 도래한 지금 인간 노동력의 가치에 많은 의문이 제기되고, 실제로 우리 삶에 여러 변화가 일어나고 있다. 변화의 속도는 정말 빠른데, 누구도 그 방향을 정확히 예측할 수 없다. 설사 예측한다 해도 여기에 적절히 대응할 수 있는 사람은 매우 소수일 것이다. 이러한 상황일수록 우리가 할 수 있는 최선의 대응방식은 질문을 던지는 일이 아닐까? 내가 좋아하는 것, 갖고 싶은 것, 만들고자 하는 것에 대해 끊임없이 질문하고, 이를 바탕으로 내가 추구하는 가치가 무엇인지 깨달아야 한다. 우리는 아마도 이 과정을 죽을 때까지 반복해야 할지 모른다. 당신이 하나의 관문에 도달했다고 해서 인생의 길은 끝나지 않기 때문이다.

끝은 없다,

또 다른 시작이 있을 뿐

▼

나는 삼수를 했다. 고등학교 재학시절 내내 인문계에서 SKY 경영학과를 목표로 경주마처럼 달렸다. 그런데 고3 수능이 끝나고 지원한 대학에 낙방하자, 진정으로 내가 원하는 길이 이것인지 반문하는 시간을 가질 수 있었다. 사실 고등학교 때 디자이너가 되고 싶다는 생각이 처음 들었기에, 이번 기회에 내 가능성을 점쳐보고 싶었다. 하지만 고작 1년의 미대 입시 준비로는 한국 디자인학과 실기시험의 문턱을 넘기가 쉽지 않았다. 머리를 삭발하고 수도승 같은 자세로 다시 1년간 최선을 다했지만, 수능 시험 당일 예상치 못한 일이 발생했다. 옆줄에 앉은 한 학생이 내 답안지를 대놓고 베끼려고 했고, 시험 감독관들은 나를 공범으로 오해해 1교시 중반부터 모든 시험이 끝날 때까지 내 옆에 서서 감시했다. 당연히 문제를 푸는 데 집중이 될 리 없었다. 끓어오르는 분노를 참을 수 없어 멘탈이 흔들렸고, 수능 성적은 평소 실력에 비해 안타까운 수준으로 나왔다. 지난 몇 년간 얼마나 고생했는데, 고작 이런 놈 때문에 시험에 영향을 받다니 억울해서 눈물이 흘렸다. 하지만 기적적으로 가고자 하는 대학에 지원 가능한 점수가 나왔고, 나는 실기에 목숨을 걸었다. 그렇게 삼수 만에 간신히 턱걸이로 대학에 갔다.

그러나 졸업을 몇 달 앞두고 집이 부도가 났다. 당시 나는 군대를 다녀오고 유학을 가 있었다. 마지막 학년 때 집안 사정이 어렵다는 이야기를 부모님께 들었지만, 처음에는 크게 와닿지 않았다. 하지만 졸업이 다가오며 상황이 심각해지자 나도 모르게 스트레스가 쌓이기 시작했다. 다행히 학비는 미리 완납해서 졸업식까지는 무사히 학교를 다닐 수 있었지만, 마지막 학기 내내 악몽에 시달렸다. 20대 초중반까지 훌륭한 부모님 덕에 부족하지 않은 환경에서 자랐던 터라 끼니 걱정을 해본 적이 없었다. 하지만 내가 학교를 마치는 그 순간부터 세계에서 가장 생활비가 비싼 뉴욕의 집세와 끼니 걱정을 해야 한다고 생각하니 아찔했다. 게다가 한 학년 아래 친동생과 함께 살았는데, 내가 졸업하자마자 생활비를 벌지 못하면 우리는 한국으로 곧장 돌아가야 하는 상황이었다. 그래서 최고의 포트폴리오를 만들어 취업하겠다는 일념 하나로 매일 새벽 5시에 일어나 다음 날 새벽 1시까지 작업했다.

회사에 취업하면 다 해결되는 줄 알았다. 미국은 한국과 다르게 공채의 개념이 없다. 상시 채용이지만 자리가 있어야 지원이 가능하다. 그리고 당시에는 지금의 링크드인처럼 나를 알리거나 오픈된 일자리 정보를 얻을 방법이 거의 없었다. 인터넷 검색으로 직접 추린 100개가 넘는 회사에 무작위로 지원하며 나를 알렸다. 당시 서브프라임 모기지 사태로 전 세계적인 경제위기가 일어나던 시기라 거의 95% 이상은 인터뷰 기회조차 받지 못하고 거절당했다. 그러나 다행히도 연락을 받은 회사 중 가장 가고 싶던 R/GA와 인터뷰가 잘되어 졸업 후 곧장 생계 전선에 뛰어들 수 있었다.

그렇게 들어간 회사에서 나는 내가 얼마나 볼품없는 존재인지 깨달았다. 학교를 갓 나온 주니어 디자이너가 할 수 있는 일이나 지식의 범위가 한없이 모자람을 매일 느끼며, 자괴감을 달고 살았다. 또 경제위기로 인해 많은 회사에서 정리해고가 시도 때도 없이 일어났다. 당시 회사의 디렉터 중 한 명이 해고를 당해, 아침에 출근했어도 사무실에 들어가지 못했다. 정문에서 당황한 표정으로 가족과 통화하던 모습이 아직도 기억난다. 그때 이후로 나도 언제 어떻게 해고당할지 모른다는 불안감이 생겼다.

그래서 쓰리잡을 뛰었다. 당시 디자인 에이전시의 신참 디자이너 초봉은 뉴욕의 살인적인 물가를 감당할 수 없는 수준이었다. 4만 달러에 조금 못 미치는 연봉을 받았는데, 세금과 보험료 등을 빼면 수중에 남는 돈은 대략 한 달에 2500달러 수준이었다. 맨해튼에서 나와 집값이 상대적으로 저렴해 많은 직장인들이 거주하는 애스토리아로 이사를 갔음에도, 동생과 함께 사는 집의 렌트비는 1900달러였다. 전기와 가스, 인터넷과 휴대폰 비용 등을 내고 나니 한 달에 내가 쓸 수 있는 생활비는 고작 200달러 정도였다. 이 돈은 뉴욕에서 성인 남성이 가만히 숨만 쉬며 살기조차 어려운 수준이었다. 도저히 이런 생활비로는 내 한 몸 건사하기도 힘들었기에 퇴근 후 할 수 있는 일을 닥치는 대로 했다. 학생들에게 디자인 과외도 하고, 프리랜서로 디자인 프로젝트를 맡기도 했다. 아침부터 다음 날 새벽에 지쳐 잠들 때까지 정신없이 살았더니 평일에 커피 한 잔 혹은 한 달에 한 번 친구들과 술자리를 가질 정도의 금전적 여유가 생겼다. 그렇게 2년간 생활하다 보니 내 봉급도 오르고 동생도 학교를 졸업해 직장을 잡아 상황이 조금 나아졌다. 그래서 자연스럽게 쓰리잡을 하는 생활에서 벗어날 수 있었다.

이제는 승진하면 다 해결될 줄 알았다. 몇 년간 열심히 회사 생활을 하자 내게도 기회가 왔다. 딜로이트 디지털의 시애틀 지사에서 나를 ACD(Associate Creative Director, 부팀장)로 데려가고 싶다는 제안을 해왔다. 그렇게 남들보다 몇 년 빠르게 시니어급으로 올라갈 수 있었는데, 급하게 먹으면 체한다고 했던가? 준비가 되지 않았던 나는 팀을 리드하는 역할을 제대로 수행하지 못했다. 프로젝트에 들어가서 리드하기보다는 얹혀 가는 느낌이 들었고, 상대방도 여지없이 그걸 느꼈다. 매일이 좌절의 시간이었고, 여기서 발전하지 못한다면 머지않아 해고를 당할 게 분명했다. 그때부터 어떻게든 살아남기 위해 매일 디자인과 리더십을 공부하고 또 연습했다. 매달 반복되는 출장과 프레젠테이션 속에서 조금씩 발전하는 게 느껴졌다. 그러다 딜로이트 디지털의 뉴욕 지사를 만드는 데 참여하게 되었고, 이 기회를 발판 삼아 새롭게 시작하리라 다짐했다. 그렇게 시애틀에서 다시 뉴욕으로 돌아왔고, 뉴욕 지사의 창립 멤버이자 디자인 리드가 되었다. 그리고 몇 년 후, 흥미로운 기회가 생겨 마이크로소프트가 있는 시애틀로 다시 돌아왔다.

좋은 회사에 가면 끝인 줄 알았다. 마이크로소프트를 거쳐 구글까지 소위 빅테크를 다니면서 내가 깨달은 점은 이 회사들이 대단하지 내가 대단한 게 아니라는 사실이다. 빅테크 회사들은 이 세상을 움직이는 인프라와 기술을 만들고 또 발전시킨다. 하지만 나를 포함한 대부분의 사람들은 이 거대한 기계가 돌아가는 데 필요한 작은 부품일 뿐이다. 이런 사실을 부정하거나 과대 포장하는 이들은 약간은 자의식 과잉이 아닐까 생각한다. 나와 그들이 하는 일이 사소하거나 잘못되었다는 말은 아니다. 다만 수천 혹은 수십만 명이 해야 하는 일이 존재하고, 그 일을 한 조직의 일원으로서 해내기 위해 직무의 권위와 자율성 등이 제한된 상황에서 개인의 특이성은 상대적으로 감춰질 수밖에 없다. 바로 이러한 지점 때문에 좋은 직장을 다니는 개인들은 자신의 발전에 항상 노력해야 한다. 당신이 몸담고 있는 지금 그곳이 평생직장이 아닐 확률이 크고, 주어진 일만 하다 보면 그 일이 없어졌을 때 나의 가치도 함께 사라지는 듯한 상실감을 느낄 수 있다.

회사라는 울타리를 벗어나면, 나는 누구인가? 길지도 짧지도 않은 40여 년의 인생을 살아가며 내가 깨달은 점이 하나 있다. 모든 고난도 성공도 한순간 혹은 한 지점의 상태일 뿐이지, 영원하지 않다는 사실이다. 내가 현재 좋은 직장을 다닌다고 거들먹거릴 필요도 없고, 인생의 힘든 구간을 지나간다고 해서 좌절할 필요도 없다. 이는 모두 살다가 거치는 한 관문일 뿐이다. 특히 인공지능 시대가 도래한 지금 인간 노동력의 가치에 많은 의문이 제기되고, 실제로 우리 삶에 여러 변화가 일어나고 있다. 변화의 속도는 정말 빠른데, 누구도 그 방향을 정확히 예측할 수 없다. 설사 예측한다 해도 여기에 적절히 대응할 수 있는 사람은 매우 소수일 것이다. 이러한 상황일수록 우리가 할 수 있는 최선의 대응방식은 질문을 던지는 일이 아닐까? 내가 좋아하는 것, 갖고 싶은 것, 만들고자 하는 것에 대해 끊임없이 질문하고, 이를 바탕으로 내가 추구하는 가치가 무엇인지 깨달아야 한다. 우리는 아마도 이 과정을 죽을 때까지 반복해야 할지 모른다. 당신이 하나의 관문에 도달했다고 해서 인생의 길은 끝나지 않기 때문이다.

커리어의 시작의
첫 질문,

'나는 어떻게 되고 싶은가?'

사회 초년생일 때는 열심히 일하고 배워서 업무에 빠르게 적응하는 게 최선의 목표였다. 시간이 흘러 내 일들이 익숙해지고 개인을 넘어 조직이 어떻게 돌아가는지 조금씩 보이기 시작할 무렵, 나도 다른 사람들을 이끄는 리더가 되고 싶다는 생각이 들었다. 2014년부터 디자인 리더를 맡았으니, 조직이나 프로젝트를 리드한 지도 벌써 10년이 다 되었다. 어떤 이들은 정말 실력이 뛰어나서 리더가 되지만, 어떤 이들은 순전히 운이 좋아서 리더가 된다. 그리고 나는 이 2가지 모두를 직접 경험한 케이스다.

■ 운이 좋아 리더가 되다

학교 졸업 후 나는 운이 좋게도 R/GA라는 꿈에 그리던 디자인 에이전시에 들어가 열심히 일을 배웠다. 그곳에서 훌륭한 여러 프로젝트에 참여할 수 있었고, 좋은 직장 동료들을 만나 디자인 학도에서 진짜 디자이너로 성장하는 데 큰 도움을 받았다. 그러다 어느 시점에 이르니 많은 게 보이기 시작했다. 어떤 프로젝트가 와도 당황하지 않고 내 능력을 마음껏 뽐낼 자신이 있었고, 오히려 내가 프로젝트를 리드하면 더 잘할 수 있겠다는 생각마저 들었다. 그러던 와중에 딜로이트 디지털에서 내게 ACD 자리를 제안하는 연락이 왔다. 당시 내 경력에 비해 상당히 높은 자리였지만, 그들은 내 포트폴리오와 수상 경력이 맘에 들어 나를 꼭 데려가고 싶어 하는 눈치였다. 뉴욕에서 시애틀로 날아가 포트폴리오 프레젠테이션을 마치고 나니, 딜로이트 디지털의 대표가 내게 물었다. "디자인 리드가 될 준비가 되어 있습니까?" 나는 이렇게 대답했다. "완전히 준비됐습니다."

▪ 생각과는 다른 현실

다른 이들보다 상당히 빨리 성장한 만큼 이에 동반된 성장통도 엄청났다. 디자인은 할 줄 알았지만 팀원을 다루는 법도, 클라이언트를 응대하는 법도 모두 몰랐다. 한마디로 준비가 덜 된 반쪽짜리 리더였던 나는 매일이 지옥같았다. 단순히 내가 잘하는 일을 열심히 해서 해결할 수 있는 문제가 아니라, 내가 안 해본 것들 그리고 못 하는 것들을 하는 자리가 리더임을 느꼈다. 솔직히 내가 리더의 자리에 있다는 사실이 부끄러울 때도 많았고, 심지어는 부진한 실적에 해고되지 않을까 노심초사한 적도 많았다. 하지만 이런 순간이 왔을 때 나를 버티게 해준 힘이 있었다. 바로 진정한 리더로 거듭나고 싶다는 깊은 열망이었다. 그렇게 몇 년을 버티자 자연스럽게 다른 팀원을 이끌고 클라이언트 앞에서 발표도 어렵지 않게 하며 조금씩 리더로 성장해가는 나를 느낄 수 있었다.

▪ 이 산을 넘고 싶다

2018년 마이크로소프트로 이직한 후에는 시니어 디자인 매니저로 일하며 디자인 시스템과 브랜딩을 관장하는 팀을 만들고 성장시켜 나갔다. 마이크로소프트에 적응하면서 개인적인 커리어 목표가 생겼는데, 바로 '프린시플 레벨에 도달하기'였다. 프린시플 레벨로 올라가기 위해선 한국으로 치면 3명의 부사장급 후원자가 필요했다. 이들이 자신의 이름을 걸고 내가 프린시플 매니저가 돼야 하는 이유를 제안서로 만들어 제출하고, 엄청나게 까다로운 평가위원회에서 통과되어야 제안이 승인된다. 그런 만큼 프린시플 레벨로의 승진은 많은 이에게 거대한 산맥이나 장벽처럼 느껴진다. 나는 이 산을 반드시 넘고 싶었다. 그래서 상사와 함께 어떻게 하면 내가 프린시플 레벨로 갈 수 있는지 구체적인 성과 지표와 마일스톤(중간 목표)에 관해 이야기를 나누었다.

■ 첫술에 배부를 리가

프린시플로 승진하려는 첫 번째 시도는 2019년 하반기에 시작됐다. 그 당시 마이크로소프트에 들어와 혼자 시작한 팀을 15명 수준의 규모로 빠르게 성장시켰고, 디자인 시스템의 개념과 활용할 수 있는 툴이 많이 없었던 조직에 큰 기여를 하고 있었기에 승진을 기대하는 마음이 컸다. 하지만 면담 후 돌아온 대답은 충분히 잘하고 있지만, 현재까지 작업의 영향력은 프린시플로 올라가기에 약간 부족하다는 말이었다. 나는 이것을 긍정적인 사인으로 봤다. 내가 하는 방식이 틀리지 않았고, 임팩트 있는 프로젝트를 통해 결과로 이야기하면 된다는 뜻이었기 때문이다. 그 이후로 내 커리어 목표에 어떤 프로젝트가 큰 영향력을 줄 수 있을지 상사와 함께 고민했다.

■ 노력한 만큼 돌아온다

마이크로소프트에 다니며 다양한 프로젝트에 참가하고 또 리드했다. 그중 내가 속한 클라우드·인공지능 부서의 프로덕트 로고 리뉴얼 작업은 개인적으로도 매우 자랑스러운 프로젝트 중 하나였다. 클라우드·인공지능 부서는 당시 60여 개의 프로덕트가 속한 거대 그룹이었고, 각각의 프로덕트는 사용자가 최소 수백만에서 최대 수억 명에 이르는 B2B 메가 인프라스트럭처였다. 그중 파워 플랫폼이라고 하는 상대적으로 규모가 작은 프로덕트군의 로고 리뉴얼부터, 마이크로소프트의 대표 인프라 중 하나인 '애저Azure'와 SaaS 프로덕트 그룹인 '다이내믹스365'의 로고를 성공적으로 리뉴얼했다. 이 작업을 진행하며 수없이 많은 디자인과 리뷰를 거치고, 좌절과 최종 승인의 희열을 팀원들과 함께했다. 그렇게 전 세계 수십억 명이 사용하는 마이크로소프트의 대표 인프라를 시각적으로 형상화한 로고가, 나와 우리 팀 손에서 탄생했다. 이처럼 가시적인 성과를 확실히 보여주고 나니 인사평가에서 내가 프린시플로 승진하는 일이 당연하다는 분위기가 형성되었고, 결국 그 해 프린시플 레벨에 도달할 수 있었다.

직장생활을 하다 보면 '누구누구는 운이 좋아서 저 자리에 갔다'와 같은 말을 많이 듣는다. 실제로 준비되지 않은 이들에게도 그런 일이 발생할 수 있다. 하지만 그 자리에서 최선을 다하지 않으면 도태되는 일은 시간문제고, 내가 어떤 커리어 지향점을 가지고 이를 추구하느냐에 따라 성취도 많이 달라진다. 커리어에는 운과 실력 2가지 모두가 중요하다. 하지만 가장 중요한 것은 내가 어떻게 되고자 한다는 '바람'이다. 내가 바라지 않으면 그 어떠한 일도 이루어지지 않는다.

회사는
언제 관두는 게 좋을까?

전통적으로 우리는 자신과 회사를 동일시하는 경향이 있다. 각고의 노력으로 명문 대학을 가려는 가장 큰 이유는 결국 좋은 회사에 취업한다는 최종 목표를 이루기 위해서다. 일류 기업에 들어가야 가족과 친구들 사이에서 면이 살고, 안정적으로 돈도 벌고 가정을 이룰 수 있다는 일반적인 인식이 존재하기 때문이다. 그리고 정년도 보장되어, 열심히 살면 부족하지 않은 노후 생활을 즐길 수 있다는 희망이 있다. 하지만 우리의 기대 수명이 늘어가는 데 비해 정년은 짧아져만 가고, 이제는 40대만 되어도 실직에 대한 위기의식을 느껴야 한다. 정말 많은 퇴직자들이 회사를 관두고 나면 할 수 있는 일이 없어 막막한 하루하루를 보낸다. 나는 이를 '전통적 직장의 배신'이라 생각한다. 안정된 삶의 희망이 현실이 아님을 자각하고 나서 느끼는 허탈함은 배신감 외에는 설명하기 어렵다. 하지만 직장의 배신에 마냥 넋 놓고 있을 수만은 없지 않은가? 버려지기 싫다면 당신이 먼저 현명하게 떠나는 법도 생각해야 한다.

직장은 정착이 아닌, 잠시 머무르는 곳이다. 예전 딜로이트 디지털의 뉴욕 지부 디자인팀을 맡아 키울 때 내 개인 사무실은 꽤 멋졌다. 전 세계 금융의 중심 월스트리트에 위치한 '140브로드웨이' 빌딩의 50층에 있었는데, 영화 〈더 울프 오브 월스트리트〉에 나온 맨해튼 뷰를 능가하는 뉴욕 최고의 전망대였다. 하지만 당시에는 회사를 떠나면 그 뷰를 평생 다시 볼 수 없다는 생각을 하지 못했다. 모든 회사가 마찬가지다. 당신이 매일 앉던 의자와 책상, 하던 일, 만나던 동료 모두 지나고 나면 돌이킬 수 없는 하나의 순간일 뿐이다. 아무리 익숙하거나 가까운 느낌이 들어도 직장은 당신의 집이 아니며, 직장 동료는 당신의 가족이나 친구가 아니다. 언제든 내가 떠날 수 있고, 상황에 따라 내가 버려질 수도 있는 곳이 회사다. 혈연으로 엮인 집단이 아닌 이상(혹은 혈연도), 이윤 혹은 가치 추구라는 목적을 위해 존재하는 집단은 목적이 변하거나 상황이 달라지면 자의적·타의적으로 그 집단에서 이탈할 수 있다. 게다가 평생직장이라는 개념 자체가 희미해진 현시대에 한 회사의 취업이 당신의 인생을 책임져 주지 않는다는 사실을 빨리 깨달아야 한다. 이러한 현상은 기술의 발전과 더불어 더욱 가속화될 것이다. 이 사실을 애써 부정하고 싶겠지만, 오히려 인정하고 나면 직장을 바라보는 시각이 더 자유로워질 수 있다.

▪ 고통 속에 침체되고 있다면 당장 떠나라

우리가 과일을 살 때 아무리 신중히 골라도 생각보다 너무 맛이 없거나 신선도가 떨어질 때가 있다. 또 소문난 맛집이라도 내게는 너무 맵거나 짜서 입맛에 맞지 않을 수 있다. 이러한 상황은 누구에게나 일어날 수 있고 잘못된 일도 아니다.

직장을 다닐 때도 마찬가지다. 내가 간 회사 혹은 팀이 내 생각과 다르게 너무 안 맞을 수도 있고, 하는 일이나 함께하는 동료가 마음에 들지 않을 수도 있다. 이럴 때 한국인 특유의 참을성과 인내심을 발휘해 버티는 방법도 있으나, 고통 속에서 성장하는 일과 침체되는 일을 잘 구분해야 한다. 만약 힘들지만 일의 보람과 업무 성장을 느낄 수 있는 조직이라면 충분히 더 있을 가치가 있다. 하지만 힘들고 노력이 많이 드는 데 반해 무언가를 배울 수 없고 나 자신만 소모되는 일, 동료들과의 케미도 얻을 수 없는 환경에 처했다면 과감하게 이직할 필요가 있다. 조금 더 시간을 갖고 노력해서 극복할 수도 있겠지만, 대개 상황의 개선은 개인의 힘으로 이루어지기 어려운 경우가 많다. 이럴 때는 근무 기간에 연연하지 말고 과감히 떠나는 것도 방법이다.

■ 성장이 필요하다면 떠나라

어디서 일하든지 업무를 파악하고 제대로 성과를 내는 데 1년 정도는 걸린다고 생각한다. 당신이 1년간 일하면서 떠날 필요성을 느끼지 못했다면, 충분히 몇 년은 더 다닐 가치가 있는 직장이다. 본격적으로 업무 능력이 성장하는 시기는 2~3년 차인데, 이 구간을 잘 마무리 지었다면 '나는 여기서 얼마나 더 성장할 수 있을까?'를 자신에게 질문해야 한다. 익숙한 일만 반복하느라 자칫 성장의 기회를 놓칠 수 있기 때문이다.

첫 직장이었던 R/GA에서 나는 3년 조금 넘게 근무했다. 이곳에서는 학생의 티를 벗고 프로답게 일하는 방법을 배울 수 있었다. 하지만 만으로 3년이 지난 시점에서 성장에 정체가 오는 것을 느낄 수 있었다. 디렉터가 시키는 일들을 무리 없이 처리할 수 있었고, 팀원들과의 의사소통도 원활했다. 일에 자신감이 붙으며 내가 주도적으로 프로젝트를 처리하고 싶다는 갈망이 커졌지만, 시니어 멤버들이 꽤 있었던 팀의 구조상 실질적으로 프로젝트를 리드할 기회는 잡기 어려웠다. 때마침 딜로이트 디지털에서 한 단계 더 높은 자리에서 일할 수 있는 기회를 제시해왔다. 새 직장으로 옮긴 후 생각 이상으로 고생을 많이 했지만, 내가 R/GA에 있었다면 원래 하던 일의 수준과 범위에서 몇 년간 더 머물렀을 것이다. 다 지난 후에 하는 이야기이지만 옮긴 후의 성장폭을 고려했을 때, 그 당시 회사를 떠나기 참 잘했다는 생각이 든다.

■ 변화에 뒤처지고 싶지 않다면 떠나라

인생에서 5년 이상 되는 시간은 꽤장히 길다. 그리고 그 시간을 함께한 직장이라면 당신에게 꽤 큰 의미가 있는 곳이다. 업의 종류에 따라 당신의 역할이 정적일 수도 있고, 동적일 수도 있다. 특히 전통적인 B2B(기업 간 거래) 시장은 역동적인 변화를 마주할 일이 많지 않았다. 하지만 이제는 디지털 트랜스포메이션이라는 이름으로 B2B, B2C(기업과 소비자 간 거래)를 가리지 않고 혁신을 요구하고 있다. 어떤 일이든 현재 하는 일의 방식이 몇 년 후에 동일하지 않을 확률이 높다는 뜻이다. 특히 당신이 테크업계와 직간접적으로 연관된 직업을 갖고 있다면, 이 변화는 몇 년이 아니라 몇 달 혹은 몇 주 단위로 바뀔 것이다.

나는 제2차 닷컴버블로 불리는 2000년대 중반에 대학을 다녔는데, 당시 새로 나온 아이폰을 사기 위해 뉴욕 소호의 애플 매장 앞에서 5시간을 줄 서서 기다린 적이 있다. 디지털 경험의 태동기였던 만큼 전문가도 많이 없었고, 디자인 대학에 UX/UI 수업조차 거의 존재하지 않았다. 그런데 2024년 현재 우리는 애플 비전 프로 같은 공간 컴퓨팅(디지털 콘텐츠를 실제 공간에 구현하는 기술)을 실제로 사용하고 있으며, 인공지능 기반 OS를 갖춘 퍼스널 디바이스가 대중 앞에 소개되는 시대에 살고 있다. 당신이 적당한 곳에 묶여 있는 동안 세상은 당신을 기다려 주지 않고 빠르게 앞서가고, 결국 현 상태와 최첨단 미래 사이의 간극은 더욱 크게 벌어질 것이다. 당신이 만약 이런 변화의 흐름을 리드하거나 뒤처지고 싶지 않다면, 조심스럽게 열린 가능성을 타진해봐야 한다.

이 글은 퇴사를 권유하는 게 아니다. 앞에서 언급한 떠나야 하는 기준도 자의적인 해석일 수 있다. 또 한 회사에 오랫동안 근속하며 꾸준한 성장과 혁신을 도모하는 일도 당연히 가능하다. 이는 어쩌면 여러 회사를 거치는 것 이상의 가치를 지닌 커리어일 수 있다. 그리고 당신이 현재 행복하게 다니는 직장이 가장 잘 맞는 곳일지도 모른다. 하지만 여전히 직장과 당신이 가족 관계가 아니라는 본질은 변하지 않는다. 직장의 본질은 목적 달성을 위해 고용인과 피고용인 간에 노동력과 돈을 거래하는 것이다. 직장은 당신이 그 목적 달성에 필요하지 않다고 판단되면 가차 없이 이별을 통보한다. 반대로 당신이 커리어에서 추구하는 목표가 성장이고 그 목표가 회사와 맞지 않는다면 과감하게 먼저 이별을 고해야 한다. 이는 배신이 아닌, 현실적이고 합리적인 선택이다. 연애를 잘하려면 잘 사귀는 법도 중요하지만, 잘 헤어지는 법도 중요하다. 이처럼 퇴사를 할 때 우발적 감정에 치우친 결정보다 자신만의 확실한 기준이 있어야 한다. 그래야 빠르게 변화하는 세상 속에서 자신을 지키며 후회 없는 커리어를 만들 수 있다. 지금 당신은 퇴사가 필요한가?

'성장 마인드셋'이
중요하다

성장기를 지나 어느 정도 나이를 먹고 사회생활을 하게 된 후에는, 의식적으로 노력하지 않는 한 자신의 가능성이 빠르게 닫히는 것을 경험하게 된다. 사회생활을 시작한 후에 우리가 경험하는 성장에는 크게 2가지가 있는데 하나는 '개인의 성장'이고, 다른 하나는 '조직의 성장'이다. 이 개인의 성장과 조직의 성장은 다른 듯하지만 양립할 수 있다. 이를 위해서는 개인의 노력뿐 아니라 환경적 요소도 구축이 되어야 한다. 실제로 개인이 조직 내에서 성장할 수 있는 환경을 만듦으로써 조직의 동반 성장을 이끄는 게 이상적이다. 이 글에서는 마이크로소프트에 다니며 직접 겪은 그들의 성장 문화를 이야기하고자 한다.

마이크로소프트에서 일하며 가장 눈에 띄었던 태도는 '성장 마인드셋Growth Mindset'이라 할 수 있다. 나는 이를 '성장 지향형 마음가짐'이라고도 부른다. 성장을 위한 의지와 방향성이 깃들어 있는 동적인 마음 상태이기 때문이다. 이 성장 마인드셋의 개념은 심리학자 캐럴 드웩이 처음 연구하고 소개했다. 그녀의 연구는 사람들이 능력에 대한 2가지 기본적인 태도, 즉 '고정 마인드셋Fixed Mindset'과 '성장 마인드셋' 중 하나를 가지고 있다는 아이디어에서 출발한다. 마이크로소프트는 이것을 그들의 문화에 적극 차용해 발전시켰다.

2014년 사티아 나델라는 CEO로 임명된 후 곧바로 직원들에게 이메일을 보내, 캐럴 드웩의 책《마인드셋》을 언급하며 성장 마인드셋의 중요성을 강조했다. 그는 이러한 마음가짐을 가진 사람들은 정체되어 있지 않고 항상 자신의 능력을 개발하며 새로운 것을 배우고 도전을 두려워하지 않는다고 설명했다. 그리고 마이크로소프트가 성공하기 위해서는 이러한 성장하는 마음가짐이 필수라고 강조했다. 당시 약간의 정체기를 겪고 있던 마이크로소프트가 다시 태어나기 위해선 사람들의 자발적이고 역동적인 참여가 필요했고, 이 동력을 바로 성장 마인드셋에서 찾으려 한 것이다. 그는 이것을 말뿐이 아니라 실제 회사의 DNA에 심기 시작했다.

▪ 성장 마인드셋은 '나'보다 '사용자'에 더 집중하게 한다

나는 디자인 시스템을 관장하는 팀을 이끌었는데, UX의 전반적인 흐름과 일관성을 유지하는 일이 중요했다. 우리가 상대하는 대부분의 팀들은 사용자의 니즈에 맞는 기능을 개발하고 적용해야 하는 만큼, 새로운 제안을 해주는 일이 필요했다. 당연히 이 둘의 적절한 균형을 찾는 게 이상적이지만, 서로의 입장 차뿐 아니라 프로젝트의 일정 같은 주변 상황 때문에 만족할 만한 합의점에 도달하지 못하는 경우도 있었다. 프로필 사진의 사이즈나 버튼 위치 등 디테일한 디자인부터 사용자의 차트 생성이나 구매 플로우 같은 사용자 경험의 일관성까지, 우리 팀은 수없이 다양한 영역에서 합리적 가이드를 제시해주어야 했다. 그러나 다른 팀과의 의견 차이를 좁히지 못해 시간을 너무 오래 끌면 결국 피해를 보는 것은 사용자다. 따라서 치열하게 고민하고 토

론해야 하는데, 그러다 보면 어느 시점에서 '내 생각이 틀릴 수도 있겠다'와 같은 합리적 의구심을 갖게 된다. 서로의 자존심을 내려놓고 대의를 위해 한 발짝 물러나 무엇이 진정으로 사용자를 위하는 길인가를 논의하다 보면 긍정적인 결과로 이어질 확률이 높아진다.

▪ 성장 마인드셋은 실패로부터 배우는 문화를 장려한다

실수는 누구나 할 수 있다. 중요한 것은 이를 통해 우리가 무엇을 얻는가다. 그래서 모든 프로젝트 이후에는 규모에 상관없이 이 과정을 되돌아보는 미팅을 반드시 갖는다. 프로젝트를 진행하며 좋았던 부분도 이야기하지만, 생각처럼 잘되지 않았거나 완전히 실패한 부분도 가감 없이 공유한다. 팀장이 팀원을 질책하거나 평가하기 위한 자리가 아니다. 모두의 의견이 동등하고, 부족했던 리더십에 대한 솔직한 의견 교환도 가능하다. 프로젝트에서 발생한 여러 상황에 관해 팀원들의 생산적인 피드백을 공유하고, 앞으로 비슷한 상황이 왔을 때 더 효과적으로 대처하는 방법을 배우며 함께 성장한다.

■ 성장 마인드셋은 새로운 것을 배우도록 장려한다

마이크로소프트는 직원들의 성장에 도움이 되는 새로운 도전을 장려하고, 필요한 기술을 배울 수 있는 교육 프로그램을 적극 후원한다. 그리고 이러한 배움과 성장을 다른 이들과 공유하게 한다. 구성원 개인의 성장이 결국 회사의 성장으로 이어진다는 깊은 믿음이 있기 때문이다. 나 역시 회사의 지원을 받아 여러 콘퍼런스를 방문할 기회가 있었고, 여기서 보고 배운 것들은 언제나 회사 동료들에게 프레젠테이션 형식으로 공유했다. 개인의 배움을 조직으로 연장해 그룹 전체가 동반 성장하는 일이 하나의 문화처럼 자리 잡은 것이다.

■ 성장 마인드셋은 업무평가의 중요한 기준이 된다

성장 마인드셋을 개인을 넘어 수십만 명이 속한 큰 조직 차원에서 실천하기 위해서는 반드시 구조적으로 접근해야 한다. 마이크로소프트에는 1년에 두 번의 직원 업무평가가 있는데, 여기에 포함된 항목으로 '내가 다른 이들의 성공을 위해 한 행동'이 있다. 내 커리어적 성공만이 아닌 내가 속한 조직 모두를 함께 성장시키는 행동이 정식 평가 항목으로 들어간 것이다. 따라서 이러한 실제 행동이 뒷받침되어야 좋은 업무평가도 받을 수 있다. 또한 이를 통해 팀플레이 문화를 가진 경쟁력 높은 조직을 만든다.

마이크로소프트의 성장 마인드셋은 지속적으로 새로운 것을 배우고, 도전하며, 함께 크는 문화를 만들어 개인과 조직 전체의 성장을 이끌어낼 수 있었다. 이처럼 나무가 아닌 숲을 보는 접근법을 조직 속에 깊이 심는 노력이 있었기에 마이크로소프트가 다시금 전성기를 맞이한 게 아닐까?

'그럼에도 불구하고'의
정신으로

회사 생활을 하다 보면 진이 빠질 때가 한두 번이 아니다. 프로젝트의 성공 혹은 실패에서 오는 감정뿐 아니라, 사람 사이의 관계나 주변 상황 등에 따라 일이 손에 잡히지 않을 때가 많다. 감히 말하건대 이러한 기복은 제아무리 세계 최고의 기업가나 프로라고 해도 비켜 갈 수 없다. 중요한 것은 일이 손에 잡히지 않을 때 어떻게 현명하게 추스르고 앞으로 계속 나아가는가다.

■ 삐끗했다고 해서 좌절할 필요는 없다

디자인 에이전시에서는 같은 회사지만 클라이언트 프로젝트를 위해 경쟁해야 하는 경우가 비일비재했다. 한번은 아기 용품 업체의 모바일 앱 디자인을 따내는 프로젝트에 들어갔는데, 나와 다른 오피스의 디자이너가 함께 리드로 참여하게 되었다. 회사 측에서는 같은 프로젝트를 둘에게 시켜 더 나은 쪽을 밀어주고 다른 하나는 백업으로 사용하려는 계산이었다.

정말 열심히 디자인해 내부 프레젠테이션에서 공개했지만, 아쉽게도 우리 쪽 비즈니스 파트너들이 선택한 디자인은 내 것이 아닌 다른 디자이너가 만든 시안이었다. 사실 자체 경쟁을 통해 디자인의 옵션을 다각화하는 방법은 흔한 일이지만, 내 디자인이 후순위로 밀리면 자존심이 상하는 건 어쩔 수 없다. 하지만 과정이 공정하고 민주적이라면 '승패불복'하기보다 '팀플레이어'로 거듭나야 한다. 나는 다른 디자이너가 만든 시안을 클라이언트 마음에 들게 더 발전하도록 도왔고, 우리는 하나의 팀으로 프로젝트를 성공적으로 수임할 수 있었다.

■ 일하다 보면 뒤통수를 맞을 때도 있다

디자인 에이전시 시절 디지털 물류 관련 테크놀로지 기업의 웹사이트를 리디자인하는 프로젝트에 참여했다. 당시 나는 그 프로젝트의 디자인 리드였다. 그런데 프로젝트 매니저가 본인의 디자인 취향을 조금 과하게 주장하는 편이었다. 본인의 전문 영역이 아닌 곳에 욕심을 부리는 일이 반드시 나쁜 것은 아니나, 다른 이들의 전문성을 믿고 함께할 때 그 팀의 시너지는 확실히 다르다. 그런데 이 프로젝트 매니저는 내가 만든 디자인 A안이 아닌 자기 영향력이 더 많이 들어간 디자인 B안을 클라이언트에게 밀고 싶어 했다. 디자이너로 살아오며 개인적으로 경계하는 행동 중 하나가 자기 디자인에 대한 집착인데, 그런 모습을 프로젝트 매니저가 강하게 보이고 있었다. 클라이언트 미팅 날, 우리는 그 회사의 본사로 찾아가 마케팅 부서 10명 앞에서 준비해온 디자인을 프레젠테이션했다. 그들은 마음에 드는 디자인을 투표로 결정하겠다고 했고, 10명 중 9명이 내가 리드한 A안을 선택했다. 나머지 1명은 모두 다 마음에 들어 아무 쪽이나 상관없다는 의견이었다. 그런데 프로젝트 매니저의 표정이 약간 어두워진 듯했다. 아니나 다를까, 집으로 돌아오는 비행기가 공항에 내리자마자 불길한 이메일이 한 통 도착했다. 프로젝트 매니저에게서 온 연락이었다. 본인이 마케팅 팀과 미팅 이후 추가 보고를 위해 클라이언트 회사의 CMO(마케팅 총괄이사)를 만났고, 장시간의 회의 끝에 B안으로 최종 결정을 번복했다는 내용이었다. 참으로 어이가 없고 허무했다. 나는 우리 쪽 대표에게 관련 사실을 상세히 보고하며 이 사안을 어떻게 해결하면 좋겠는지 의견을 구했다. 대표가 프로젝트 매니저를 불러 자세한 내용을 묻자, 자신이 볼 때는 B안이 더 좋다는 확신이 있어 CMO에게 B안 선택을 설득했다고 했다. 예상대로였지만 클라이언트 쪽의 이사급이 이미 결정을 내린 만큼 다시 번복하기가 쉽지 않은 상황이었다. 나중에 더 알아보니 그 CMO는 디자인에 관해 아무런 전문성이나 의견이 없는 나이 지긋한 분이었고, 프로젝트 매니저의 언변에 넘어가 그의 선택을 밀어주었을 뿐이었다. 전후 상황 파악이 끝나고 내게는 2가지 선택권이 있었다. 하나는 해당 프로젝트를 나가 다른 프로젝트를 맡는 것이고, 다른 하나는 이 프로젝트에 남아 계속 진행하는 것이었다. 나는 지금 관두면 오히려 자존심이 상할 듯해 계속 프로젝트에 남겠다고 했다. 그리고 프로젝트 매니저에게 대표가 확실하게 경고하는 선에서 일을 마무리했다. 그렇게 몇 달간 프로젝트가 진행된 후 결과는 어떻게 되었을까? 그 프로젝트 매니저는 초반엔 디자인 관련 사항에 열을 올렸지만, 이후 본인의 밑천이 부족함을 뼈저리게 느끼고 디자인에 개입하지 않게 되었다. 또 얼마 지나지 않아 클라이언트의 마케팅 팀에서 애초에 그들이 선택한 내 A안으로 디자인을 선회해달라고 요구했다. 결국 디자인도 클라이언트와의 관계도 모두 제자리로 돌아왔다.

▪ 내가 어찌할 수 없는 경우도 많다

내가 직접 목격한 정리해고는 크게 3번이다. 첫 번째는 내 첫 직장에서였다. 당시는 미국의 서브프라임 모기지 사태로 암울한 경제위기의 그림자가 드리운 시절이었다. 그래서 주니어 디자이너로 일하던 나는 여러 사람이 하루아침에 직장에서 잘리는 일을 자주 목격했다. 두 번째는 코로나가 발생한 지 얼마 되지 않아 당시 다니던 회사에 대규모 감원 바람이 불었을 때였다. 심지어 내가 운영하던 팀에서도 몇 명을 내보내야 했기 때문에 가슴이 찢어지는 고통을 경험했다. 마지막 세 번째는 2023년 초 불었던 테크업계의 대규모 레이오프(일시해고)였다. 이때도 매일 함께하던 친한 동료들을 못 보게 되어 슬펐다. 이러한 일들은 그냥 눈과 귀를 가린다고 하루아침에 잊히지 않는다. 사람들의 공백이 생긴 후 술렁이는 회사 분위기와 '혹시 나도?'와 같은 불안감과 싸워야 한다. 그래서 주변에는 정리해고에 관련된 정보와 소문에 집착하는 친구들도 있었다. 그때마다 드는 생각은 '내가 이런 상황을 피하려면 무엇을 해야 하는가?'였다. 대규모 정리해고는 경제적 상황 때문에 발생한 사건임에도 내게는 마치 자연재해 같았다. 지진이나 산사태처럼 사람의 힘으로는 어찌하기 힘든 그런 일 말이다. 그런데 어느 정도 시간이 흐른 후, 해고를 당한 동료들의 링크드인을 확인해 보니 모두 새로운 일터에서 열심히 일하고 있었다. 심지어 예전에 함께 일했던 한 친구는 이렇게 말했다. "전 직장에서 해고당하고 새롭게 들어간 회사에서 지금 얼마나 행복한지 몰라." 그는 게임 '리그오브레전드'를 만드는 회사에 취직했는데, 자신에게 천직이라고 했다. 해고를 당해도 천직을 찾을 수 있다는 게 포인트가 아니다. 언제 어떻게 벌어질지 모르는 사태에 미리 겁먹고 이를 걱정하는 데 에너지를 쏟을 필요가 없다는 뜻이다.

우리는 매일 새로운 과제와 도전에 직면한다. 어떤 일들은 나를 행복하게 하고, 또 어떤 일들은 힘들게도 할 것이다. 하지만 여기에 매번 일희일비하며 내가 맡은 일을 포기하는 것은 옳지 않다. 단편적으로 사건들에 대응하더라도 이것이 모이면 나만의 브랜드가 되며, 그 브랜드 곡선이 우상향하게끔 만드는 일이 중요하다. '내일 지구가 멸망하더라도 나는 오늘 한 그루의 사과나무를 심겠다'라는 스피노자의 말처럼 내가 어찌할 수 없는 상황을 걱정하지 말고 현재에 충실해야 한다. 그리고 어려움이 닥치더라도 '그럼에도 해야지!'와 같은 마음가짐이 우리에게 가장 필요하지 않을까?

더 많은 기회를 만드는

퍼스널 브랜딩

"당신의 브랜드는 당신이 자리를 비웠을 때 다른 사람들이 당신에 대해 하는 말이다." 아마존의 창업자 제프 베이조스가 한 말이다. 당신의 본질과 가치는 당신이 자리를 비운 곳에서 사람들의 입에 오르내리는 '평판'이다. 꽃이 가진 색상과 향기에 이끌려 나비와 벌이 모이듯, 개인의 브랜드가 생성되면 사람들은 그 브랜드에 어떤 기대를 품고 모이게 된다. 상대방에게 먼저 다가가는 퍼스널 마케팅과 다르게 퍼스널 브랜딩은 일견 수동적인 것처럼 보인다. 하지만 브랜드의 가치가 높아질수록 더 많은 기회가 스스로 찾아온다는 점에서 큰 의미가 있다. 특히 개개인 모두가 하나의 브랜드처럼 인식되는 요즘 세상에서 퍼스널 브랜드의 중요도는 상당히 높다.

나는 첫 직장을 제외하면 이직을 위해 먼저 입사 지원을 한 적이 없다. 대부분 리크루터에게 먼저 연락이 오거나 지인의 추천으로 이직이 성사되었다. 내가 얼마나 잘났는지 보여주기 위해 행적을 과시하는 게 아니다. 오히려 어떻게 이런 좋은 기회들이 내게 먼저 찾아올 수 있었는지 알려주기 위해서다. 한 분야에서 성공한 사람은 기본적으로 누구나 인정할 만한 실력을 가지고 있다. 하지만 훌륭한 능력을 지닌 사람들과 이를 넘어 더 광범위하게 인정받는 사람들 사이의 차이점은 개인의 브랜드 파워인 경우가 많다. 개인의 브랜드도 여느 기업의 브랜드처럼 어떤 행동을 단편적으로 했다고 해서 만들어지지 않는다. 나만의 방향성을 갖고 오랜 시간 지속적으로 노력해야 구축할 수 있다. 나는 내 브랜드 가치를 높이기 위해 다음과 같은 방법을 지속적으로 실행했다.

■ 자기 인지

자신이 누구인지, 무엇을 추구하는지 명확히 알아야 한다. 자신만의 강점, 열정, 가치를 이해해야 이를 바탕으로 개인의 브랜드 구축이 가능하다. 나도 다양한 관심사와 취미가 있지만, 이와는 별개로 나라는 사람의 브랜드를 규정하는 2가지 키워드를 확실히 가져가고 싶었다. 하나는 '테크 전문가Tech-savvy'이고, 다른 하나는 '생각하는 디자이너Design thinker'였다. 이를 바탕으로 나라는 브랜드 구축을 위해 끊임없이 배우고 공을 들였다.

■ 지속적인 학습과 성장

많은 분야가 비슷하겠지만 인간이 다루는 대부분의 일은 변화한다. 특히 테크업계의 경우 기술의 진화 속도가 예전에는 연 단위였다가 요즘은 매달, 심지어는 하루 단위로 빠르게 바뀌고 있다. 매일 수많은 기술의 발전과 변화가 이어져 웬만큼 이 분야에 깊게 몸담지 않으면 따라가기조차 버겁다. 그래서 언제나 새로운 과학기술이 대두되면 이와 관련된 많은 자료를 공부하고, 또 사이드 프로젝트 형식으로 직접 경험했다. 어떻게 하면 새로운 기술에 맞춰 디자인할 수 있을지 끊임없이 연구하고 그 결과물을 다른 이들과 공유했다. 생성형 AI와 블록체인, NFT가 대두되었을 때 업계에서도 가장 발 빠르게 이 기술들을 활용해보고 우리 디자인이 나아가야 할 방법 등을 공유했다. 이는 나와 내 주변 업계 모두를 돕는 윈윈 프로젝트들이었고, 내가 '테크 전문가'로서의 퍼스널 브랜드를 구축하는 데 큰 역할을 했다.

■ 꾸준함

오픈된 웹상에 내 글을 공개한 지도 10년이 훌쩍 넘었다. 처음에 글을 개인 블로그에 올렸을 때는 누구도 큰 관심을 두지 않았다. 당연했다. 글을 잘 쓰는 재주도 없고, 많이 써본 적도 없으니 허술하기만 했다. 하지만 나는 성장하기 위한 아니, 생존 수단으로서 업계 전문가들의 글을 열심히 읽었고, 디자인에 대한 내 생각을 열심히 언어로 담았다. 그렇게 2, 3년 글을 쓰다 보니 어느새 내 글을 좋아해주는 사람들이 생겼다. 내 생각에 공감해주고, 심지어 그들의 성장에 내 글이 큰 도움이 되었다는 피드백도 종종 받을 수 있었다. 중간중간 힘들고 지쳐 글을 잠시 내려놓은 적도 있었다. 하지만 몇십 년을 꾸준히 하다 보니 어느새 수백 편 이상의 글을 쓰게 되었고, 이를 바탕으로 책도 내고 베스트셀러 작가도 될 수 있었다. 이러한 노력으로 '생각하는 디자이너'라는 퍼스널 브랜드를 구축할 수 있었고, 이는 강연이나 이직 같은 좋은 기회로 나를 인도해주었다.

▪ 진정성

다른 사람의 모습을 억지로 연출하려 하지 말고, 진짜 나를 보여주어야 한다. 진실하지 않은 모습이나 목표를 남들에게 보여주기식으로 만드는 것은 퍼스널 브랜딩에 도움이 되지 않는다. 맞지 않는 옷을 오래 입기 어렵듯이, 거짓말을 하기는 쉬우나 이를 감추고 계속하기란 보통 어려운 일이 아니다. 심지어 그런 행위는 다른 사람들에게 쉽게 들킨다. 진정성 없는 행위의 반복이야말로, 퍼스널 브랜딩에서 가장 경계해야 하는 일이다.

결국 퍼스널 브랜딩의 여정은 자신에 대한 깊은 이해와 진정성 있는 자아 표현에서 시작된다. 이는 단순히 외적인 이미지를 꾸미거나 반짝인기를 얻기 위한 수단이 아니라, 진실된 가치와 열정을 바탕으로 지속 가능한 개인의 성장과 영향력을 구축하는 과정이다. 베이조스의 말처럼 당신이 없는 곳에서 사람들이 당신을 어떻게 기억하느냐는, 평소 당신의 진정성 있는 말과 행동에서 비롯된다. 따라서 자신만의 독특한 브랜드를 구축하기 위해서는 자기 인지, 지속적인 학습과 성장, 꾸준함 그리고 가장 중요하게는 진정성을 기반으로 한 실천이 필수적이다. 이 길을 걷는 것은 쉽지 않으나, 이를 통해 얻어지는 신뢰와 기회는 무엇과도 비교할 수 없는 가치가 있다.

인생을 바꾸는
꾸준한 글쓰기의 힘

▼

내가 처음 글을 쓴 이유에는 여러 가지가 있으나 가장 큰 요인은 열등감 때문이었다. 외국에서 디자이너 생활을 하며 표현과 논리의 부족함에서 오는 좌절과 편견이 너무 싫었다. 한편으로는 말하기와 글쓰기가 몸에 배어 있는 그들의 교육 방식이 부러웠다. 내가 한국의 주입식 교육을 온몸으로 경험하며 자란 세대임을 한탄했다. 그래서 출근 전 새벽에 회사 근처 카페에서 홀로 〈뉴욕 타임스〉를 읽고 짧은 에세이를 매일 썼던 것이 내 글쓰기의 시작이었다. 운동을 꾸준히 하면 건강해지듯, 글을 쓰면서 논리적으로 사고하는 법과 정제된 말로 표현하는 방법을 익혔다.

글쓰기는 사유의 형상화라 생각한다. 우리는 매일 수없이 많은 생각을 한다. 대부분은 기억할 만한 가치가 없거나 짧게 스치는 편린인 경우가 많은데, 이들은 휘발성이 강해 쉽게 내 마음과 머릿속에서 사라진다. 그런데 이러한 조각들도 글로 변환하면 (글의 길이와 무관하게) 소중한 기록이 된다. 생각이 기록이 되는 순간부터 이는 일종의 '데이터'로 활용이 가능해진다. 이 데이터를 통해 잊고 있던 기억 혹은 감각으로 회귀하거나, 새로운 아이디어를 발전시킬 수 있다. 그래서 나는 생각나는 것이 있으면 지체 없이 노트 앱을 켜고 메모하는 습관이 생겼다. 책을 쓸 때도 평소에 한두 줄 혹은 몇 마디 적어놓은 키워드들을 활용해 한 편의 글로, 하나의 책으로 발전시켜 나갔다.

소설가 김영하 작가는 자신에게 '절대 쓰지 않을 이야기들의 목록'을 적는 노트가 있다고 말했다. '꼭 써야지' 하는 걸 쓰려고 하면 그때부터 생각의 제약이 너무 많아져 창의성이 나오기 어렵고, 오히려 속박 없이 적어둔 기록이 나중에 다시 보면 쓸 만한 경우가 많기 때문이라고 했다. 이런 아이디어를 글로 부지런히 옮겨 놓지 않았다면 금세 기억 저편으로 사라졌을 것이다. 그래서 나는 생각을 실체로 만드는 이 글쓰기가 적금과 로또를 합친 개념이라 생각한다. 적금처럼 모이면 유용하고, 로또처럼 때로는 큰 보상이 생길 수도 있기 때문이다.

지금 어떤 생각이 머릿속을 스친다면 어딘가에 적어보자. 누가 알겠는가? 나중에 그 기록이 당신의 인생을 바꿔줄지.

인생의 목표를
경계해야 하는 이유

신라의 건국 신화를 보면 사내아이가 알을 깨뜨리고 태어나니 새와 짐승이 춤추고, 하늘과 땅이 흔들리고, 해와 달이 청명했다고 한다. 그 유명한 '박혁거세'의 탄생이다. 마치 신라 건국의 사명을 탄생과 함께 부여받은 듯한 등장이다. 그는 이 사명을 이루기 위해 평생을 바쳐 나라를 세워 후대에 이름을 남겼다.

대단한 사람의 탄생에는 그에 걸맞은 시작과 천명이 있을 수 있지만, 그게 어디까지 사실일까? 역사 속 이름을 남긴 인물 중 어떤 이들은 그저 그 시간에, 그 자리에 있었기 때문에 우연히 탄생했을 수도 있다. 어렸을 때부터 다른 이들과 비교도 안 되는 총명함을 지닌 사람은 분명 존재한다. 하지만 그들도 나이가 들어 평범하게 살아가는 이야기를 우리는 어렵지 않게 찾아볼 수 있다.

나는 인생의 (거창한) 목표가 없다. 따지자면 하고 싶은 일들은 많은데, 충무공 이순신처럼 나라를 구한다거나 일론 머스크처럼 화성으로 간다거나 하는 국가적 혹은 인류적 목표는 없다. 오히려 살면서 자신의 꿈을 너무 거창하게 이야기하거나 남에게 주입하려는 사람들을 조금씩 경계하게 되었다.

인생에서 중요한 가치는 목적지보다 방향성 아닐까? 내가 지금 어떤 목표를 세운다 한들 그 목표가 영원할 확률이 얼마나 될까? 스타트업에서 가장 흔히 사용되는 단어가 '피벗Pivot'이다. 이는 기존에 생각했던 가설이나 목표가 예상과 다를 때 과감하게 새로운 방향성을 잡는 것을 뜻한다. 꿈을 좇는 집단인 스타트업에서도 피벗은 가장 중요한 기술이다. 목표는 상황에 따라 변화하는 유기적 존재이기 때문이다.

할 수 있는 일을 하자. 나는 꿈은 꾸되 그 과정에서 도달할 수 있는 현실적 목표를 세우고 이를 이루어 나가는 일이, 너무 크고 멀리 있는 목표만 추구하는 것보다 더 바람직하다고 생각한다. 그리고 그 길에서 내가 추구하는 방향성을 잃지 않는다면 거창한 목표에 매몰되지 않을 수 있다.

경지에
오르고 싶다면

"나의 검은 천지와 하나." 내가 좋아하는 만화 《배가본드》(이노우에 다케히코 작)에 나오는 대사다. 실존했던 일본 검성의 제자가 드디어 스승의 경지에 도달했음을 나타내는 대사다. 생각과 행동 그리고 의지가 모두 하나가 된 '혼연일체'의 경지는 어떤 분야든 그 절정에 오른 사람들에게서 찾아볼 수 있다.

"당신이 하나를 디자인할 줄 안다면, 당신은 모든 것을 디자인할 줄 안다는 뜻이다." 20세기 최고의 디자이너로 불린 마시모 비넬리가 남긴 말이다. 디자인의 경지에 오른 이에게는 연필 디자인과 자동차 디자인, 심지어 우주선 디자인이 모두 다르지 않다. 무엇을 디자인하든 그 퀄리티를 극한으로 끌어올리는 과정은 모두 같기 때문이다.

나도 이들처럼 '극의'의 경지에 이르고 싶다는 생각이 들 때가 많다. 그런데 그들은 이와 같은 수준에 이르기까지 얼마나 많은 고통을 인내해야 했을까?

NBA의 전설적 농구 황제 마이클 조던은 이렇게 말했다. "저는 지금까지 9000번이 넘는 슛을 놓쳤습니다. 거의 300번의 경기에서 졌습니다. 26번이나 승부를 결정짓는 중요한 순간에 사람들의 기대를 저버린 채 슛을 놓쳤습니다. 제 인생의 성공 비결은 바로 이런 실패를 거듭한 것입니다."

실패한 뒤 노력한다고 해서 반드시 인생에서 성공하는 것은 아니다. 하지만 실패하지 않는다면 성공으로 가는 길은 열리지 않고, 그 길을 겪은 사람만이 천지와 하나가 되는 경지에 도달할 수 있다.

당신의 이야기를
세상이 알게 하라

▼

디자이너 경력을 이어오며 꽤 다양한 사람을 만나고 함께 일했다. 그중 천재 디자이너도 여럿 있었는데, 그들의 재능에 '와! 정말 대단한데?'라고 속으로 외친 적도 많았다. 하지만 '타고난 재능을 지닌 이들은 모두 성공적 커리어를 이루었는가?'라고 묻는다면, '반드시 그렇지는 않다'라고 대답할 수 있다. 자신의 실력이나 생각 그리고 프로젝트를 누군가와 공유하지 않는 사람 중에는 상대방이 자신을 먼저 알아봐주길 바라는 이들이 적지 않다. 하지만 안타깝게도 다른 사람들은 당신의 생각과 하는 일에 큰 관심이 없는 경우가 많다. 자기 살기도 바쁘기 때문이다.

자신의 이야기를 다른 이들과 공유하는 일은 주파수를 우주로 전송하는 일과 비슷하다. 이 주파수가 어디로 가서 어떤 답이 돌아올지 모르지만, 꾸준히 보내다 보면 생각지 못한 일들이 발생할 수 있다. 이 주파수를 통해 사람들은 나라는 존재를 파악하게 되고, 이것이 한데 모이면 내 브랜드의 시발점이 된다.

나는 지난 10년간 내가 가진 디자인 철학을 글이나 영상으로 정리하고, 평소에 했던 사이드 프로젝트를 모아 온라인에 가감 없이 공유했다. 시작은 미비했다. 하지만 세상의 원리가 그러하듯 꾸준한 노력이 한곳으로 모여 나라는 사람에 대한 브랜드가 생겼고, 이를 둘러싼 중력이 발생했다. 다른 이들을 끌어들이는 이 중력은 내게 많은 기회를 가져다주었다. 3권의 베스트셀러 작가가 될 수 있었으며, 글로벌 대기업과 명문 대학 등에서 강연도 하고, 내 이야기를 듣고 싶어 하는 많은 분을 만나는 영광도 누렸다. 이러한 일들 모두 내 이야기를 세상에 공유한 이후, 스스로 찾아왔다. 이처럼 자신의 이야기로 세상과 소통해 긍정적 변화가 이루어진 사례는 다른 곳에서도 어렵지 않게 만날 수 있다.

▪ 고수의 발견

한동안 〈백종원의 골목식당〉이라는 프로그램을 즐겨 시청했다. 유동인구가 많은 상권 좋은 대로변 음식점이 아닌, 우리 주변에서 흔히 볼 수 있는 뒷골목 식당에 백종원 대표가 솔루션을 제공해주는 내용이었다. 백종원 대표의 솔루션을 받아도 여전히 개선이 어려운 곳들도 많았지만, 숨겨진 원석 같은 가게도 꽤 등장했다. 특히 '포방터시장' 편에 나온 '연돈'이라는 돈가스집은, 실력은 이미 최고 수준인 사장님이 작은 가게에서 어려움을 겪고 있는 내용이었다. 하지만 그의 이야기가 세상에 나온 이후로 '연돈'은 한국에서 매우 유명한 돈가스 레스토랑 중 하나로 발전했고, 사장님은 인생 역전의 대명사가 되었다. 이런 기회가 찾아온 것은 결국 사장님이 용기를 내어 프로그램에 출연해 자신이 가진 능력과 스토리를 가감 없이 공개했기 때문이다.

▪ 단 한 권도 팔리지 않던 소설

로이드 데버루 리처즈Lloyd Devereux Richards는 미국의 변호사다. 리처즈는 자신의 소설 《스톤 메이든스Stone Maidens》를 무려 14년에 걸쳐 완성했다. 하지만 이 소설은 출판사를 찾는 일부터 난항을 겪었고, 결국 2012년 출판에 성공했지만 11년 동안 단 한 권도 팔리지 않았다. 그런데 2023년 그의 딸이 틱톡에 아버지와 책에 대한 이야기를 비디오로 만들어 올렸다. 영상 속에는 바쁜 일상에서도 그가 꾸준히 소설을 집필하며 행복해하는 모습과 책에 대한 열정이 담겨 있었다. 이 비디오는 틱톡이 뭔지조차 모르던 리처즈에게 생각지도 못한 선물을 가져왔다. 이 틱톡 비디오가 사람들의 공감을 얻어 엄청나게 유명해졌고, 그의 소설이 최초로 사람들의 관심을 얻기 시작했다. 1분도 채 되지 않는 짧은 틱톡 비디오의 영향으로 그의 소설이 아마존 스릴러 부분 베스트셀러 1위에 오르는 영화 같은 일이 벌어졌다.

결국 이 모든 이야기는 하나의 진리로 귀결된다. 자신의 이야기와 재능을 세상과 공유하는 용기가 바로 당신을 성공으로 이끄는 열쇠다. 우리는 각자의 삶 속에서 무수히 많은 주파수를 발산한다. 그 주파수가 우주의 어느 곳으로 향해도 결국 어떤 형태로든 울림을 돌려받게 된다. 이 울림은 때로는 예상치 못한 기회로, 때로는 삶의 전환점으로 다가온다. 당신만의 독특한 이야기와 경험은 세상 어디에도 없는 유일무이한 가치를 지니며, 이를 공유함으로써 당신은 더 많은 가능성의 문을 열게 될 것이다. 내실을 다지고, 열정을 가지고, 꾸준히 나아가는 일이 중요하다. 하지만 이 모든 것이 빛을 발하는 순간은 바로 당신이 세상과 소통하기 시작했을 때다. 자신을 믿고 나의 이야기를 당당히 풀어놓을 때, 세상은 그 가치를 인정하고 당신에게 기회를 제공할 것이다. 이는 단순히 성공을 넘어 자신의 존재를 진정으로 이해하고 세상과 깊이 연결되는 여정이다. 당신의 이야기가 당신을 성공으로 이끄는 빛나는 길이 되기를 바란다.

송이버섯 채집에서 배우는
인생의 태도

▼

미국에 대해 사람들이 잘 모르는 사실은 미국의 자연이 정말 위대하다는 것이다. 규모와 환경 모두 압도적이라 할 수 있는데, 내가 사는 시애틀 지역은 미국 내에서도 손꼽히는 자연을 자랑한다. 그런 동네에 살다 보면 아웃도어 라이프는 자연스럽게 삶의 일부가 된다. 사시사철 캠핑, 하이킹, 낚시 등 다양한 액티비티를 즐기지만, 시즌별로 특별하게 즐길 수 있는 보석 같은 활동도 존재한다. 그중 산해진미를 직접 채집해 맛볼 수 있는 기회가 있다. 대표적으로는 세계에서 제일 큰 조개로 유명한 구이덕(Geoduck, 코끼리조개) 잡이, 강에서 하는 연어 플라잉 낚시, 송이버섯 채집 등이 있다. 특히 송이버섯 채집은 개인적으로 가장 뜻깊은 아웃도어 액티비티다.

한국인 중 송이버섯을 싫어하는 사람이 몇이나 될까? 고급스러운 생김새, 특유의 향기 그리고 환상적인 맛으로 버섯의 왕이라 불리는 송이는 높은 가격에도 불구하고 사람들에게 꾸준한 사랑을 받는다. 생으로 참기름 소금장에 찍어 먹기도 하고, 수프나 탕에 넣어 그 향을 즐길 수도 있다. 또 고기와 함께 굽거나 갈비찜에 넣어 먹어도 맛이 기가 막힌다. 한마디로 만능이다. 바로 이 송이버섯이 시애틀이 있는 미국의 북서부 지역에 넓게 분포해 자란다. 송이버섯을 사랑한다면 이를 안 캐러 갈 수 있을까? 하지만 송이를 채집하는 사람들 사이에 '송이 나는 자리는 부모 자식 간에도 비밀이다'와 같은 말이 존재할 정도로 송이버섯을 찾는 일은 쉽지 않다.

■ 송이버섯의 생태 이해하기

송이버섯을 채집하기 위해선 그들의 생태를 제대로 이해

해야만 한다. 이 버섯은 아무 데서나 자라지 않는 아주 콧대 높은 녀석이기 때문이다. 기본적으로 송이버섯은 소나무 숲에서 자란다. 그래서 미국에서는 '소나무 버섯Pine mushroom' 으로 불리기도 한다. 그런데 소나무도 다 같은 소나무가 아니다. 특정한 종의 소나무 아래서만 자란다. 시애틀이 속한 미국 북서부의 경우는 폰데로사소나무, 로지폴소나무, 더글러스퍼 같은 종들을 찾아야 한다. 또 이 나무들이 있다고 해서 무조건 자라지도 않는다. 버섯은 그 지역에 깊게 자리 잡은 버섯 균사체 집단이 만들어낸 일종의 열매다. 버섯 균사체들이 번식할 수 있는 지리적, 기후적 환경이 맞아야 한다. 그런 만큼 일반 등산로 근처나 사람들이 쉽게 발견할 수 있는 장소에는 당연히 살지 않고, 깊은 산속에서 자란다. 이 버섯의 성장 조건이 다 맞아도 1년에 이 녀석들을 캘 수 있는 시간은 길어야 한 달 남짓이다. 이마저도 첫눈이 내리고 나면 모두 사라져, 다음 해까지 기다려야 한다.

▪ 7전8기의 정신

채집하기 어려운 귀한 녀석인 만큼, 송이버섯이 자라는 숲의 자세한 정보는 당연히 온라인에서 쉽게 찾을 수 없다.

방대한 분포 지역에 대한 아주 기본적인 정보만 나올 뿐이다. 몇 년 전 송이버섯이 시애틀 지역에서 자란다는 소식을 처음 접한 이후로 아내와 함께 조사에 돌입해, 그해 가을 송이버섯 채집에 나섰다. 버섯이 나온다고 하는 10월에서 11월까지 거의 매주 주말을 왕복 5시간 넘게 운전하며 버섯을 찾았다. 수집한 정보를 바탕으로 송이버섯이 나올지도 모르는 장소를 체크하며 돌아다녔다. 세 번째 방문까지는 그럭저럭 재미가 좋았다. 아쉽게도 송이버섯은 찾지 못했지만 그 외의 다양한 식용 버섯도 캘 수 있었고, 대자연 속에서 몇 시간씩 돌아다니다 보니 몸도 마음도 건강해지는 기분이었다. 그리고 송이버섯뿐 아니라 버섯 자체와 산에 대한 이해도가 늘기 시작했다. 하지만 다섯 번째 방문을 넘어서니, 심신이 조금씩 지쳐갔다. 우리가 공략하는 지역이 집에서 워낙 멀기도 했고, 막상 먹고 싶은 송이버섯 채취는 번번이 실패하고 다른 버섯만 캐니 약이 올랐다. 그러다 일곱 번째 방문에서 뭔가 송이가 있을 법한 곳을 우연히 찾을 수 있었다. 작은 냇물을 건너가면 나오는 곳이었는데, 그날은 시간이 늦었기도 했고 몸도 피곤해 제대로 둘러보지 못한 채 돌아왔다. 그런데 아무리 생각해도 거기에 있을 것 같아 여덟 번째 방문에서는 그 장소로 직행했다. 아니나 다를까, 물을 건너자마자 송이가 하나둘 보이기 시작했다. 처음 송이를 땅에서 캐고 나서 "심봤다!"를 연신 외쳤다. 가져간 바구니를 한가득 채워 산을 내려왔고, 그날 이후로 우리 가족은 매년 가을마다 송이버섯을 채집하러 우리가 발견한 비밀의 장소로 즐거운 나들이를 간다.

생각해보면 디자인을 하는 과정도 송이버섯 채집과 비슷하다. 송이버섯을 채집하기 위해 조사하고 시행착오를 거쳐 끝내 찾아냈듯이, 디자인도 무언가 해결하려는 목적을 위해 여러 조사를 하고, 전략과 가설을 세워 실제 디자인에 적용한다. 디자인을 시작했다고 해서 당연히 모든 문제를 처음부터 해결할 수 없다. 실수도 하고 보완도 하면서 성공의 확률을 높여가는 게 수준 높은 디자인을 만드는 유일한 접근법일 수 있다. 어쩌면 인생을 충만하게 살기 위한 방법도 송이버섯 채집과 별반 다르지 않을지도 모른다.

오징어 낚시가 선사해준
내면의 평화

겨울이면 시애틀 앞바다는 오징어 낚시터가 된다. 알을 낳기 위해 연안으로 오징어가 몰리기 때문인데, 한번 손맛을 보면 빠져나오기 힘든 이 겨울 오징어 낚시는 시애틀의 대표적인 아웃도어 액티비티다.

오징어회를 좋아하는 아내의 권유로 시작한 이후, 매년 추위를 무릅쓰고 오징어 낚시를 하게 되었다. 오징어를 잡기 위해 먼바다까지 가거나 대단한 장비를 갖출 필요 없이, 간단한 낚싯대와 빈 통만 챙겨서 집 근처 연안에 가면 된다.

그리고 불빛 아래 모여 있는 다른 낚시인들 틈에 들어가 즐기면 된다. 오징어 낚시를 하다 보면 잡았을 때의 손맛뿐 아니라 많은 것을 느낄 수 있다. 이는 평소 내 삶에 영향을 줄 정도다.

▪ 낚시는 내 마음대로 되지 않는다

오징어 낚시를 하다 보면 날씨와 조수, 파도 등이 모두 잘 맞아 유난히 많이 잡히는 날이 있다. 그럴 때면 가져간 통에 오징어를 가득 담아 와 냉장고에 넣고 두고두고 먹을 수 있다. 그런데 안 잡히는 날은 몇 시간을 추위 속에 떨어도 한 마리도 잡지 못할 때가 있다. 특히 지인들이 나의 권유로 함께 왔을 때 아무도 오징어를 잡지 못하면 내가 괜스레 머쓱해진다. 하지만 바로 그것이 낚시다. 바다가, 오징어가 항상 내 마음같이 움직여 준다는 보장이 없다. 이런 일이 반복되다 보면 많이 잡히면 잡히는 대로, 못 잡으면 못 잡는 대로 무던해지는 자신을 발견할 수 있다. 실패나 성공에 일희일비하지 않고 낚시라는 행위와 시간 자체를 즐기게 되는 것이다.

- 마음을 비우고 현재에 집중한다

평소에 마음이 혼란할 때, 마음을 비워야지 하며 다스리려 해도 쉽지 않다. 생각이 꼬리에 꼬리를 물기 때문에 마음을 다잡으려다가 오히려 더 복잡해질 때도 있다. 하지만 낚시를 하러 나가면 우선 넓게 펼쳐진 바다를 마주하게 된다. 낚시 추를 캐스팅한 후 일렁이는 바다 물결을 보고 있으면 혼란했던 마음은 온데간데없고 현재에 집중하게 된다. 시시각각 달라지는 파도의 형태, 높낮이, 빛에 비치는 반사광 등을 보다 보면 잡생각은 사라지고 온전한 지금만 남는다. 애쓰지 않아도 환경이 당신을 그렇게 만들어준다. 당신은 그저 그 파도에 마음을 맡기면 된다.

- 생각하지 못했던 행복에 감사한다

물속이란 곳은 알기 쉽지 않다. 겉에서 추측할 뿐 안이 잘 보이지도 않고, 설사 보인다 한들 어찌하기도 어렵다. 그런데 낚시를 하다 보면 생각지도 못한 것들이 걸릴 때가 많다. 오징어를 잡을 목적으로 왔는데 가끔 문어, 가자미 등과 같은 다른 해산물이 올라올 때도 있고, 심지어는 작은 상어가 잡히기도 한다. 또 낚싯바늘이 바닥에 붙은 해양 쓰레기를 끌고 나올 때도 있고, 때로는 다른 이들이 잃어버린 장구통 릴을 낚아 돈을 벌 때도 있다. 애초에 내가 목적했던 바와는 다르지만, 그것을 추구하는 과정에서 뜻밖의 재미를 얻게 된다.

▪ 다른 이들과 나누는 연습

오징어 낚시는 서로 나누고 이해하는 일에서부터 시작된 다. 오징어 낚시를 위해서는 불빛이 필요하다. 그런데 이 불 빛은 어디 설치된 게 아니라 오징어 낚시에 조금 더 경력이 있는 분들이 간이 발전기에 야외용 조명을 달아 직접 가져 오신 것이다. 그래서 낚시 장소에 도착하면 웃는 얼굴로 먼 저 인사를 건네며 살짝 숙이고 들어가야 한다. 마치 악어와 악어새처럼 공생을 도모하는 것이다. 또 많은 사람이 한정 된 자리에서 하기 때문에 새로운 사람들이 오면 조금씩 양 보해 자리를 마련해줘야 한다. 그래서 오징어 낚시를 하려 면 다른 이와 나누는 일이 몸에 배어야 한다.

시애틀 앞바다에서 하는 겨울철 오징어 낚시는 단순한 취 미를 넘어 내게 삶의 귀중한 교훈을 선사했다. 이 활동을 통해 나는 인생의 불확실성을 받아들이고, 현재에 집중하는 법을 배웠다. 또한 예상치 못한 순간의 행복을 발견하고 다른 이들과의 나눔이라는 소중한 가치를 실천할 수 있었다. 오징어 낚시는 내게 비우고, 감사하며, 나누는 법을 자연스럽게 가르쳐 주었다. 우리가 매일 마주하는 삶의 도전과 감정의 해일 속에서도 이런 간단한 활동이 우리에게 큰 교훈을 줄 수 있다는 사실은 놀랍다. 오징어 낚시가 내 삶을 근본적으로 변화시켰다고는 말할 수 없지만, 나에게 평온과 기쁨 그리고 타인과의 연결감을 선사했다는 것은 분명하다. 오징어 낚시를 통해 때로는 단순한 취미가 우리 내면의 평화와 성장을 이끌어낼 수 있음을 깨달았다. 당신도 삶의 소란 속에서 잠시 벗어나 진정한 자아를 발견하고 싶다면, 오징어 낚시와 같은 활동을 시도해보는 게 어떨까?

위통은

내 성장통

▼

몇 년 만에 온 뉴욕 출장에서 위염이 도졌다. 속이 쓰리고
식도가 타는 듯해 여간 성가신 게 아니었다. 그러나 컨디션
은 난조였음에도, 아이러니하게 기분이 마냥 나쁘지는 않았
다. 뉴욕에서 살던 시절, 특히 처음 취업해 하루하루 치열하
게 살아가던 내 20대가 떠올랐기 때문이다.

　학교생활에 충실했던 결과, 스쿨오브비주얼아트를 졸업
할 때 명예 졸업생 자리에 오를 수 있었다. 그래서 여태껏
그래왔듯이 마치 관성처럼 회사생활도 잘할 수 있을 것 같

았다. 그런데 졸업 후 취업한 직장에서의 경험은 내 예상과 정반대였다. 학교 다닐 때 날고 기던 디자인 실력은 회사에 들어가니 바닥이었고, 큰 문제가 없었던 영어 실력도 내 발목을 잡았다. 마치 〈미생〉에 나오는 장그래와 그의 동기들처럼 각자의 수를 두려고 하지만 어느 하나 마음대로 되지 않는 모습이 딱 나였다. 내가 자신 있던 디자인도, 회사생활에 반드시 필요한 커뮤니케이션도 모두 최하급이라 생각하니 매일 마음이 움츠러들었다. 그리고 어느새 '나는 정말 쓸모없는 사람인가?'와 같은 생각이 들었고, 자존감은 계속 바닥을 쳤다.

그러면서 점점 속이 쓰려왔다. 하루는 회사에서 2시간짜리 브레인스토밍 미팅을 하는데, 하고 싶은 말은 많았지만 이래저래 기회를 놓치다 보니 한마디도 못 하고 나왔다. 그러자 한 동료가 '너는 내가 본 가장 조용한 사람이다'라고 이야기하는 게 아닌가. 나는 원래 그런 사람이 아니라고 이러쿵저러쿵 변명하고 싶었지만, 그조차 잘 나오지 않았다. 밤에 잠도 오지 않고 아침마다 출근 시간이 다가오는 것이 무서웠다. 출근하면 퇴근 시간이 빨리 오길 빌었고, 퇴근 후에는 하루가 허망하게만 느껴졌다. 이는 사회 초년생이 감당하기 힘든 스트레스로 다가왔고 결국 위염으로 이어졌다. 아프고 나서 바로 병원에 가거나 약을 먹었다면 이 증상을 쉽게 다스릴 수 있었을 것이다. 하지만 일하느라 바쁘고 병원에 가는 게 부담되어 미루다가 결국에는 바닥에 주저앉을 정도로 고통이 심해졌다. 조금이라도 더 깨어 있으려고 마셨던 커피가, 잠시라도 스트레스를 풀기 위해 마셨던 술들이, 계속된 통증을 버티려 먹었던 진통제가 내 몸을 더 병들게 했던 것이다.

그렇게 회사를 다닌 지 7~8개월 정도 지났을까? '이대로 주저앉을 수는 없다'라는 생각이 꿈틀대기 시작했다. 아주 조금씩이라도 좋으니 뭐라도 해보자는 생각에, 매일 아침 6시 반에 집에서 나와 회사 앞 카페로 향했다. 9시에 출근이니 2시간 정도 공부할 시간이 있었다. 커피 한 잔을 주문하고 가져간 노트북으로 디자인 관련 기사를 읽거나 〈뉴욕 타임스〉를 보고, 노트에 내 생각을 하나씩 정리했다. 그러자 최신 디자인 흐름을 파악하는 데도 도움이 되었고, 무엇보다 영어가 조금 더 편해지기 시작했다. 또 회사에서 동료들에게 최소 10마디 이상 먼저 하기, 미팅에서 3마디 이상 아이디어 이야기하기 등 나만의 목표를 세우고 매일 그 목표를 달성했는지를 혼자서 체크하며 연습했다.

이렇게 매일 반년 정도 했을까? 일도 말도 느는 것이 조금씩 느껴졌다. 회사를 다닌 지 1년 반 정도가 지났을 때는 주니어 디자이너 수준의 밥값은 하는 것 같다는 생각이 처음 들었다. 또 2년이 지나자, 내게 주어진 일은 충분히 소화할 수 있는 나를 발견했다. 외국인이자 사회 초년생으로서 이 구간을 온몸으로 겪고 치열하게 맞서 싸우다 보니 내 몸에도 조금씩 내성이 생겼다. 아마 이때쯤 내 만성 위통도 자연스럽게 사라졌던 것으로 기억한다. 일은 누구에게나 힘들다. 특히 초심자에게 더 가혹한 것이 현실이다. 하지만 이 과정을 거치지 않는다면 성장이 가능할까? 적어도 내게는 그랬다.

살아남기 위해선 운동은 필수

하루를 밤을 새우면 이틀은 죽어

이틀을 밤새면 나는 반 죽어

위통약은 내 생활필수품

위통약은 내 생활필수품

이 가사는 다이나믹 듀오의 노래 〈고백(Go Back)〉의 일부다. 체력에 나름 자신 있었던 20대 시절 친구들과 밤새 술마시고 어울려도 다음 날이면 멀쩡했는데, 30대를 지나 이제는 세월의 직격탄을 맞는 40대에 진입했다. 그러고 나니 비로소 이 가사가 그들의 경험담임을 알 수 있었다. 마냥 젊을 때는 뭐든지 혈기 하나로 버틸 수 있지만, 나이가 들면 회복이 쉽지 않다. 나이가 들수록 체력이 받쳐주지 못하는 경우가 많이 생기고, 결국 정신과 신체 모두 하향 곡선을 그리게 된다.

하지만 꾸준히 운동하는 사람은 노화의 진행을 막을 수는 없어도 속도를 늦출 수 있다. 이는 당신에게 더 충만한 하루를 살 수 있는 기본 요건을 만들어준다. 브리검영대학교의 운동과학부 교수 래리 터커 Larry Tucker의 연구에 따르면, 활발한 신체 활동은 세포 수준에서 노화를 상당히 늦출 수 있다고 한다. 우리 염색체 끝단에 위치한 텔로미어는 노화와 밀접하게 관련되어 있는데, 나이가 들수록 길이가 짧아진다. 터커 교수는 열심히 운동하는 성인들은 이 텔로미어의 길이가 그렇지 않은 사람들보다 훨씬 더 길다는 사실을 발견했다. 즉 주로 앉아 있는 사람들보다는 무려 9년, 일반적 활동을 하는 사람들보다는 7년 정도의 수명 차이를 보였다. 이는 규칙적이고 강도 있는 운동이 세포 노화를 상당히 늦춰 수명을 연장하고, 더 건강한 생활에 기여한다는 사실을 보여준다.

스탠퍼드대학교의 앤드루 휴버먼Andrew Huberman 박사는 운동을 통해 우리 몸을 이해하고 관리함으로써 전반적인 건강과 뇌 기능을 개선하여 우리의 능력치를 향상할 수 있다고 말한다. 인간의 근육은 자극을 받으면 지치고 찢어지는데, 이후 우리 몸은 그 자극을 견디기 위해 근육의 양과 질을 향상시킨다. 그래서 같은 자극이 왔을 때 훨씬 더 효과적으로 대응할 수 있다. 웨이트 트레이닝의 무게나 횟수를 올리면 현재 감당할 수 없는 수준의 자극에 좌절하게 된다. 그러나 운동에서 자극의 한계점은 '성장의 목표'라는 말로 바꿀 수 있다. 정해진 한계점에 좌절하더라도 꾸준히 체계적으로 훈련하다 보면 더 높은 수행 능력을 갖게 된다. 이처럼 운동을 통해 좌절에 굴복하지 않고 끊임없이 도전하는 기본자세를 갖출 수 있다. 인간에게 자극은 '독'이면서도 '득'이다.

멍게는 내가 아주 좋아하는 해산물 중 하나다. 이 녀석들은 바위에 붙어 자란다. 처음부터 바위에서 자라는 게 아니라, 어릴 때 바다를 떠돌다가 적당한 곳을 찾으면 정착한다. 그런데 신기하게도 이 생물은 정착할 곳을 찾음과 동시에 자신의 뇌와 신경을 모두 소화시켜 영양분으로 사용한다. 더 이상 움직일 필요가 없으니 생각할 뇌와 신경계 모두 쓸모가 없어지는 것이다. 신경과학자 다니엘 울퍼트Daniel Wolpert는 이러한 자연의 예시를 들며, 우리 뇌의 존재 이유가 변화에 적응할 수 있는 복잡한 움직임을 몸이 수행하도록 하기 위해서라고 말한다. 그는 움직임이야말로 나와 세상이 소통할 수 있는 유일한 수단이라고 말한다. 말하기부터 몸동작 그리고 글쓰기 등과 같이 일상적인 커뮤니케이션 수단에서 근육의 움직임은 필수이기 때문이다. 주위 사물을 인지하고 생각하고 기억하는 등의 두뇌 활동이 미래의 움직임에 아무런 영향도 미치지 않는다면 중요하지 않다고 판단해 퇴화할 것이다. 포유류인 코알라의 경우도 마찬가지다. 코알라의 뇌는 40%가 뇌척수액으로 가득 차 있는데, 이는 그들의 조상이 현재의 코알라보다 더 큰 뇌를 지니고 있었다는 뜻이다. 하지만 몸을 적게 움직이고 느릿느릿 유칼립투스 잎을 뜯어 먹는 방식으로 진화한 코알라들에게 생각을 담당하는 뇌는 사치품이 된 것이다. 이처럼 신체의 움직임은 개체의 생명 유지를 넘어 퇴화하지 않고 발전하기 위한 필수요소다.

우리는 사회 속에서 끊임없는 고난을 맞이한다. 사업을 하셨던 아버지는 매일 새벽 4시 반에 일어나 운동하시고 주말마다 사우나도 가셨다. 그때는 왜 그렇게까지 열심히 혹은 조금 과하게 관리를 하실까 생각했었다. 하지만 15년 전 아버지 회사가 부도났을 때를 떠올려 보니, 그 이유를 조금이나마 가늠할 수 있었다. 지금의 나조차도 신체적으로 감당하기 힘든 스트레스와 고난을 아버지는 온몸으로 견디며 노력하셨고, 몇 년 후 결국 재기하셨다. 아버지의 이런 모습은 내게 산교육이 되었고, 항상 체력을 관리해야 한다는 생각이 뼛속 깊이 자리 잡았다. 현재 내 신체 상태가 남들과 비교해 월등히 좋다 할 수는 없지만 그럼에도 꾸준히 노력한다. 주 4회 이상 운동하고, 건강에 좋다는 것들도 챙겨 먹는다. 이러한 관리를 통해 쓰러지지 않으려 노력하고, 쓰러져도 다시 일어날 수 있다는 자신감을 불어넣는다. 당신에게 고난이 닥쳤는가? 지금 당장 운동을 시작하자.

나에게 맞는 방법은
따로 있다

▼

다시 운동 이야기다. 2016년 나는 케틀벨 운동을 하다 허리 부상을 입은 적이 있다. 당연히 괜찮겠거니 했는데, 다음 날 아침 침대에서 미동조차 할 수 없었다. 허리 통증이 극심했고 하반신은 움직이지 않았다. 이렇게 갑자기 장애를 갖는 건가 하는 공포가 엄습했다. 응급실에 실려가니 허리 아래쪽 디스크가 손상되었다고 했다. 이후 한동안 부축 없이는 화장실조차 가기 어려울 정도로 고생했다. 몇 달간의 재활을 통해 일상생활이 가능한 수준으로 회복했지만 최소 한 달에 한 번, 많게는 일주일에도 수차례 참기 어려운 허리 통증이 찾아왔다. 그럴 때면 약을 먹고 누워서 쉬는 것 외에는 아무런 방법이 없었다.

그래서 허리 디스크에 좋다는 수영을 시작했다. 집 앞 체육관에 있는 수영장을 한 주에 서너 번씩 갔다. 물속에서 몸을 움직이는 동안 허리 통증은 줄어드는 듯했다. 하지만 내가 투자하는 시간과 노력에 비해 통증의 개선은 그다지 크지 않았다. 그래서 같은 체육관에서 요가 수업을 병행했다. 요가를 해서 확실히 몸의 전반적인 균형은 좋아졌지만, 허리에 무리가 가는 동작들도 있어 오히려 경미한 허리 부상을 입기도 했다. 하지만 수영과 요가라도 해야 일상생활을 할 수 있을 것 같아 2년 정도 꾸준히 다녔다.

지긋지긋한 허리 통증과의 동거는 2022년이 되었는데도 끝나지 않았다. 팬데믹의 영향으로 바깥 활동도 줄어들고 살도 쪄서 몸 상태가 엉망이던 그해 가을, 허리가 너무 아파 여러 자료를 조사하고 있었다. 그렇게 방법을 모색하던 차에 인버전 테이블Inversion Table, 일명 '거꾸리'가 도움이 된다는 정보를 찾았다. 어떤 이들은 거꾸리가 오히려 허리에 해가 된다며 부정적으로 보았고, 또 다른 이들은 이 기구로 허리 통증이 크게 완화됐다고 주장했다. 나는 그동안 다양한 운동과 진통제로 관리했음에도 몇 년간 큰 차도가 없었다. 그래서 지푸라기라도 잡는 심정으로 리뷰가 가장 좋은 제품 하나를 구매했다.

집에 도착한 거꾸리를 보니 생각보다 크기가 컸다. 나는 이 녀석을 내가 자주 다니는 거실 한쪽에 배치했다. 당연하게도 건강 보조기구이다 보니 심미적으로 거실 분위기를 해쳤고, 집에 방문하는 사람들마다 저게 무슨 물건이냐며 신기해했다. 하지만 내게는 거실 공간의 아름다움이나 다른 이들의 궁금증보다 내 허리 안위가 훨씬 중요했던 만큼, 가장 활용도를 높일 수 있는 위치를 확보해야 했다. 그렇게 거실을 지나칠 때마다 1분 내외로 매달리기를 반복했다. 처음 몇 주는 '이게 정말 괜찮아지는 건가?' 하는 의구심이 들었지만, 한 달이 넘고 두 달 지나가며 허리 통증이 점점 줄어드는 것을 느낄 수 있었다. 6개월 후 경미한 허리 통증 한두 번을 제외하면 한동안 허리로 고생한 기억이 없음을 깨달았을 때, 내 허리가 개선되고 있다는 확신이 들었다. 2023년 여름, 한국에 잠시 방문했다가 허리 상태를 확인하기 위해 CT촬영을 했다. 놀랍게도 의사는 내 허리 상태가 그리 심하지 않다고 진단했다.

당연한 말이지만 이 글은 의학적 추천이나 기구를 광고하는 게 아니다. 내게 잘 맞았던 거꾸리가 다른 이들에게는 해가 될 수도 있다. 하지만 자신에게 맞는 루틴을 만들어 꾸준히 한다면 현상의 점진적 개선 및 향상이 가능하다. 보통은 원하는 결과를 얻기 위한 길이 하나 이상일 때가 많다. 어떤 이들은 디스크 통증을 해결하기 위해 약을 먹거나 수술할 수도 있고, 또 어떤 이들은 수영 혹은 요가로 개선할 수도 있다. 중요한 점은 자신에게 잘 맞는 방법을 찾기 위해 노력해야 한다는 것이다. 최선의 방법을 찾은 후에는 꾸준하게 할 수 있는 조건을 만들고, 이를 마치 관성처럼 해야 한다. 그래야만 그 노력이 쌓여 진가를 발휘할 수 있다.

시애틀 맞벌이 부부의
출산 이야기

▼

2022년 여름, 딸이 태어나면서 내 인생은 완전히 바뀌었다. 이전에는 아내와 단둘이 미국에서 살다 보니 주변에 조카들이 태어나 자라는 모습을 볼 일이 없었다. 자녀가 있는 시애틀의 지인들도 비슷한 또래의 자녀를 가진 이들과 시간을 더 보내는 게 당연했기에, 아이라는 존재에 대해 특별한 관심이나 유대감 없이 살았다. 2021년 겨울, 아내가 임신한 사실을 처음 알게 된 이후에도 여전히 내가 부모로서 무엇을 해줄 수 있을지 확신이 없었다. 특별한 감정은 들었지만, 상황이 크게 변한 것은 없었기에 그저 내 아이가 태어난다는 기대감 외에는 별다른 생각이 없었다.

아내와 나는 출산 날짜가 점점 다가오자 차근차근 아이 맞을 준비를 했다. 딸아이가 사용할 요람, 입을 옷, 분유나 기저귀도 챙겨 두었다. 아내는 수월한 출산과 빠른 회복을 위해 운동을 몇 달간 지속했는데, 살면서 이렇게까지 열심히 운동한 적이 없다고 말할 정도였다. 아침저녁으로 운동하는 그녀를 보니 나도 열심히 육아할 체력을 길러야겠다는 생각이 들었다. 그래서 20대 때 열심히 다녔던 복싱 체육관에 다시 나갔다. 오랜만에 하는 복싱에 너무 신이 나서 아이가 태어나기 불과 일주일 전 샌드백을 치다가 손목을 다치기도 했다.

■ "엄마, 안녕?"

출산 당일 새벽 4시경, 아내가 내 팔을 잡고 흔들어 깨웠다. 그러고는 꿈에서 아기가 나와 '엄마, 안녕?'이라고 인사하자 산통이 시작되었다고 말했다. 우리는 미리 싸 놓은 필수품들을 챙겨 바로 병원으로 향했고, 몇 시간의 준비 과정을 거쳐 아이가 나오기 시작하자 불과 20분 만에 순산했다.

분만을 도와주던 의사와 간호사들도 대단하다는 눈치였다. 분명 아내의 특훈이 성과를 낸 것이라 생각한다. 딸의 탯줄을 내 손으로 직접 끊자, 간호사가 아이의 몸을 수건으로 닦은 뒤 엄마의 품에 살포시 놓았다. 그다음 내게 왔는데, 처음 아이를 품에 안은 순간 나는 살면서 단 한 번도 경험해보지 못한 사랑에 압도당했다. 아이가 눈을 깜빡이며 내 얼굴을 보고, 작은 손으로 내 손가락을 잡을 때마다 이루 말할 수 없는 전율과 감동이 샘솟았다. 그렇게 딸의 출생일이 내 생에 가장 행복한 날이 되었다.

하지만 이 행복에는 한 가지 꼬리표가 따라붙었다. 정신적·체력적으로 엄청나게 힘들다는 점이었다. 아이를 돌보는 일 자체도 힘들지만, 첫아이인 만큼 우리가 모르는 게 너무나 많았다. 특히 아내는 몸이 회복되는 시간이 필요했던 만큼 더 힘들었다. 한국에 살았으면 당연했을 산후조리원이나 양가 부모님의 극진한 도움을 잠깐밖에는 누릴 수 없었다. 사람들은 흔히 출산하고 나면 부부 관계가 딱 2가지로 나뉜다고 말한다. 하나는 둘 사이가 이전보다 더 가까워지는 것이고, 다른 하나는 급속도로 악화되는 것이다. 안타깝게도 대부분의 경우 사이가 더 악화되고, 우리도 인정하긴 싫지만 여기에 속했다.

　▪ 비 온 뒤에 땅이 굳어진다

　아내는 당시 오래 쉴 수 없는 상황이라 출산하고 한 달 만에 바로 일을 시작했다. 나도 몇 주만 쉬고 직장에 복귀할 계획이었는데, 힘들어하는 아내를 보니 언감생심 그럴 수 없었다. 그래서 회사에서 보장한 출산 휴가를 꽉 채워 사용할 수밖에 없었다. 이 과정에서 나와 아내 모두 신경이 날카로워졌고, 부모라는 새로운 역할에 적응하는 데 큰 어려움을 겪으며 사이가 날로 악화되어 갔다. 서로 처음 경험하는 일이었던 만큼 많이 어설펐던 것이다. 불필요한 오해들이 점차 쌓였고, 이는 쉽게 싸움으로 번졌다. 하루에도 수차례 날 선 말들을 주고받았다. 거기다 출산 전 다친 내 손목이 말썽을 부렸다. 일주일이면 회복될 줄 알았던 이 부상은 아이와 아내를 챙기며 갑작스레 악화되었다. 급기야 기저귀를 갈거나 아이를 안는 기본적인 육아를 할 때조차 손목에서 뚝! 뚝! 하는 소리와 함께 심한 통증이 동반되었다. 열심히 운동한 이유가 아이를 볼 체력을 기르기 위해서였는데, 오히려 태어난 지 한 달 만에 아기를 돌보기 더 어려워졌으니 난감했다.

　도저히 이렇게 생활할 수는 없었다. 어떻게 얻은 귀한 딸인데, 얼마나 고생하고 이제 막 몸을 추스르고 있는 아내인데, 내가 그들에게 못나게 행동해서는 안 된다고 마음먹었다. 살아남기 위해 일의 우선순위를 정하고 우리 자신뿐 아니라 아기를 돌보는 방법도 배워야 했다. 먼저 손목 치료에 전념했다. 병원에 가서 스테로이드 주사를 맞고 약도 꾸준히 먹으며 재활했다. 이렇게 손목이 나아지니 집안일을 하나씩 더 할 수 있었고, 아내가 짊어진 정신적·육체적 부담도 적극적으로 분담했다. 그리고 서로 친절하게 대하려고 노력했다. 부모가 되는 일은 누구에게나 부담스럽고 힘든 여정이기 때문에 쉽게 좌절하거나 주변 사람들에게 그 스트레스를 풀게 된다. 그래서 아내가 피곤할 때 쉴 수 있게 배려하고 간단한 격려나 고마운 말 한마디를 건네는 등 작은 친절을 전하려고 노력했다. 처음에는 이러한 말과 행동이 서로에게 와닿지 않아 쉽게 감정이 풀리지 않았다. 하지만 함께 노력하는 것 외에는 어떤 방법도 없다는 사실을 서로 깨달았다. 다행히 이렇게 힘든 와중에도 우리 부부는 딸아이의 미소를 보는 것만으로 힘을 낼 수 있었다.

그렇게 폭풍과도 같은 6개월이 지나고, 우리의 상태는 차츰 나아지기 시작했다. 그사이 안 싸운 것은 아니지만 좀 더 서로를 배려하게 되었고, 아이가 매일 커가는 모습을 보며 우리가 한 가족이라는 공동체 의식도 강해졌다. 그리고 어떤 일이든 함께라면 이겨낼 수 있다는 자신감이 생겼다. 비가 온 뒤 땅이 더 단단해지듯, 출산 후 우리 부부는 분명 힘든 시간을 보냈지만 이 시간을 거치지 않았다면 지금의 모습도 없었을 것이다.

오르지 못할 나무를
쳐다보는 삶

▼

"오르지 못할 나무는 쳐다보지도 마라." 할 수 없는 것은 시
도조차 하지 말란 뜻으로, 불가능한 일은 빠르게 포기하는
게 낫다는 의미의 속담이다. 상황에 따라 현명한 조언일 수
도 있지만, 오르지 못할 나무를 올랐을 때 얻게 될 많은 것
을 간과한 말이라는 생각이 든다. 쳐다보지 않으면 오를 생
각도 들지 않고, 오를 생각이 없으면 올라갈 수 있는 능력조
차 기르지 못하기 때문이다. 또한 오르지 못할 거라 생각하
지만 올라갈 확률도 여전히 존재하고, 실패하더라도 이 과

정에서 얻을 수 있는 일이 너무나 많다. 특히 본인의 성장 그리고 예상하지 못했던 결과를 얻으려면 오히려 더 높고 큰 나무를 쳐다보는 게 답일지 모른다.

예전에 뉴욕에서 한국인 아티스트와 디자이너를 위한 비영리 단체를 운영한 적이 있다. 우리의 목표는 한국 문화와 관련된 다양한 프로젝트를 꾸준히 추진함으로써 뉴욕에 한국을 알리는 일이었다. 처음 우리가 전시를 기획하고 진행했을 때, 생각만큼 사람들이 쉽게 알아봐주지는 않았다. 우리가 하는 일을 알릴 수 있는 방책을 고민하던 차에 우연히 뉴욕의 하늘을 바라보았다. 뉴욕 밤을 365일 화려하게 수놓는 고층 빌딩, 그중에서도 뉴욕의 상징과도 같은 엠파이어 스테이트 빌딩이 내 눈에 들어왔다. 엠파이어 스테이트 빌딩은 특별한 기념일마다 다양한 색으로 건물의 상단부를 물들이며 그 색상의 의미를 온라인상에 공유해 함께 기념한다. 예를 들어 미국의 독립기념일에는 미국 국기 색인 파란색, 빨간색, 하얀색으로 물들며 화려하게 빛난다. 뉴욕은 전세계 인종과 문화를 아우르는 도시인 만큼, 한국의 광복절을 기념하기 위해 태극기 색으로 엠파이어 스테이트 빌딩을 감싸면 좋겠다는 생각이 들었다. 우리는 이런 방식으로 다른 나라의 중요한 이벤트나 기념일을 엠파이어 스테이트 빌딩이 진행한 적이 있는지 그리고 프로젝트 추진을 위해서는 무엇이 필요한지 등을 조사했다. 그 결과 다양한 국가나 민족의 상징적인 날을 무료로 기념해준 사례가 많다는 사실을 알 수 있었다. 엠파이어 스테이트 빌딩을 메시지가 담긴 빛으로 물들이기 위해서는 2가지 방법이 있었다. 하나는 수십만 달러의 비용을 지불하고 빌딩 측에 의뢰하는 방법과, 정식 제안서를 제출해 그들의 심사를 통과하는 방법이었다. 이때까지는 한국의 광복을 기리기 위해 태극기 색으로 엠파이어 스테이트 빌딩을 수놓은 적이 없었다. 그날부터 우리는 백방으로 뛰어다니며 뉴욕 한인회와 한국 기업 등의 후원을 모색했고, 지역 언론 및 한인 커뮤니티에 동참을 촉구했다. 또 이 행사의 취지를 홍보하기 위해 신문 광고나 라디오 인터뷰도 했다. 그리고 뉴욕의 엠파이어 스테이트 빌딩이 한국의 광복절을 기념하는 점등을 해줄 때 서울의 남산타워도 함께 같은 색으로 점등할 수 있는지 남산타워 측에 문의했다. 그들도 이 행사의 취지에 적극 공감해 동참하겠다는 연락이 왔고, 내게 태극기 색이 입혀진 남산타워 테스트 사진도 보내왔다. 우리는 정식 제안서를 엠파이어 스테이트 빌딩 측에 제출하고 그들과 소통하며 차근차근 일을 추진했다. 그렇게 8월 15일은 가까워져만 갔다.

우리의 바람과는 다르게 그해 우리는 엠파이어 스테이트 빌딩이 태극기 색으로 점등되는 모습을 보지 못했다. 태극기 색 대신 우리와 독립기념일이 같은 인도가 그들의 국기 색으로 엠파이어 스테이트 빌딩을 물들였다. 빌딩 측에서는 내게 한국과 인도가 최종 후보였고, 인도 쪽의 지원이나 미디어 노출이 더 높은 점수를 받았다는 이유를 전해왔다. 그리고 뉴욕에서의 결과가 나오자, 남산타워 측도 아쉽지만 태극기 색으로 점등은 어렵겠다고 연락해왔다. 열심히 노력했던 만큼 아쉬운 결과에 서운한 마음이 들었다. 하지만 이 사건을 계기로 생각지도 못했던 일들이 벌어지기 시작했다. 엠파이어 스테이트 빌딩 점등을 추진하기 위해 만났던 여러 사람과 언론이 우리를 기억했고, 우리 단체가 하는 행사에 예전과는 비교도 안 되는 관심을 보였다. 한국과 미국의 미디어에서도 우리의 이벤트나 프로젝트에 주목해 기사로 다루었으며, 한국 검색 포털 1면을 장식하기도 했다. 또 오프라인 행사에는 하루에 1000명에 가까운 사람들이 다녀갈 정도로 뉴욕에서 이름난 단체가 되었다.

　이러한 일들 모두 나보다 더 큰 상대, 다른 이들은 꿈꾸지 못했던 목표를 향해 과감히 추진했기에 얻게 된 결과였다. 이를 통해 목표를 크게 잡고 도전한다면 승패를 떠나 생각지도 못했던 값진 것을 얻을 수 있다는 교훈을 배웠다. '실패는 성공의 어머니'라는 말처럼 지금의 실패는 나중에 성공하기 위한 발판이 되며, '졌지만 잘 싸웠다'처럼 사람들에게 강렬한 인상을 심어줄 뿐 아니라 실리도 챙길 수 있다. 이것이 우리가 오르지 못할 나무를 쳐다봐야 하는 이유다.

28년 차 실리콘밸리 엔지니어의

성공과 실패

▼ 그렙 CTO 한기용

실리콘밸리는 세계 최고의 인재들이 모이는 창업의 본산이다. 요즘은 실리콘밸리에서도 한국인들을 많이 만나볼 수 있는데, 혁신적 비즈니스로 창업하고 세계적인 기업에서 활동하고 있다. 하지만 20년 전만 해도 실리콘밸리에 진출한 한국인은 그리 많지 않았다. 무한 경쟁이 매일 펼쳐지는 정글 같은 이곳에서 성공은 고사하고 자리 잡는 것조차 쉽지 않았다.

그런데 이곳에 무려 23년 전에 진출한 한국인이 있다. 글로벌 IT 기업에서 디렉터 자리까지 올랐고, 창업과 실패, 성공을 모두 맛본 엔지니어다. 현재 그렙^{Grepp}에서 CTO(최고기술책임자)를 맡고 있는 한기용 님을 만나 실리콘밸리에서의 경험과 성장에 대해 이야기를 나누었다.

이상인(이하 이) 반갑다. 이렇게 시간 내주어 고맙다.

한기용(이하 한) 반갑다.

이 첫 직장생활을 실리콘밸리에서 시작했나?

한 아니다. 처음엔 병역특례 요원으로 삼성에서 5년 조금 넘게 근무했다. 지금으로 치면 기업이나 관공서들을 대상으로 하는 B2B 소프트웨어 솔루션 작업을 했다.

이 삼성은 당시에도 지금도 한국 최고의 기업인데, 어떤 계기로 미국 진출을 생각하게 됐나?

한 삼성은 당연히 훌륭한 조직이다. 하지만 당시에 나와는 조금 안 맞는 부분이 있다고 느꼈다. 삼성에 들어간 지 1년 만에 특진을 했는데, 더 열심히 한다고 해서 1년 후 다시 특진이 될 것 같은 분위기는 아니었다. 그보다 시간이 많이 지나야 승진이 된다는 현실을 깨닫고 병역 의무 이행 후 이직을 고려하기 시작했다. 지금은 고인이 된 김정주 넥슨 회장과 당시 연이 닿아 그분께 장학금도 받고 있었다. 삼성 이후에 넥슨으로 옮기기로 어느 정도 이야기가 돼 있었다.

이 그때는 넥슨이 엄청난 속도로 성장하던 시기인데, 좋은 기회였던 것 같다.

한 그렇다. 그때 넥슨으로 갔다면 큰돈을 벌 수도 있었다. 대학 동기 중 윤여걸이라는 친구가 있다. 이 친구가 스탠퍼드대학에서 유학을 마친 후 마이사이몬MySimon이라는 회사를 창업했는데, 1999년 CNET이라는 회사에 7억 달러에 매각했다. 이후 와이즈넛Wisenut이라는 검색 회사를 만들면서 내게 함께 일하자고 제안했다. 선택지가 갑자기 2개가 된 것이다. 당시 아내와 나는 삼성에서 만난 사내 커플이었다. 아내와 진지하게 상의한 결과 '지금 아니면 우리가 또 언제 실리콘밸리에 갈 수 있겠나' 하는 생각이 들어 함께 미국행을 택했다. 그래서 김정주 회장님을 만나 받았던 장학금을 돌려드리려고 했는데, 미국에서 잘 살고 나중에 기회가 되면 같이 일하자며 받지 않으셨다.

이 어려운 결정을 한 것 같다. 그렇게 가게 된 실리콘밸리

첫 회사는 어땠나?

한 미국에서 처음 일하면서 생활하다 보니 정신없이 지냈지만 일 자체는 재미있었다. 그때는 검색엔진들이 본격적으로 등장하던 시기였고, 프로덕트 자체도 나쁘지 않았다. 창업자가 감이 상당히 좋았기 때문에 애초에 프로덕트를 마이크로소프트의 인프라 위에 만들어 트래픽을 확보하고, 이것을 그들에게 파는 것이 목표였다. 하지만 2000년대 초반 닷컴버블이 꺼지며 경기가 나빠지기 시작했다. 그러던 차에 9·11 테러가 발생해 시리즈B 투자를 약속했던 이들이 모두 자취를 감췄다. 결국 룩스마트 Looksmart 라는 회사에 인수됐고, 월급 외 지분으로는 사실상 거의 수익을 얻지 못했다. 처음 해보는 백엔드 엔지니어링이나 검색엔진을 만드는 작업 등은 모두 좋았다. 하지만 스타트업의 성공이라는 측면에선 안 좋은 경험이었다.

이 시기상 나쁘지 않았던 비즈니스였지만, 외부 요인 때문에 아쉽게 막을 내린 케이스인 것 같다. 와이즈넷 이후에는 룩스마트를 따라갔나?

한 그 회사로 가기보다는 와이즈넷 멤버 4명(엔지니어 2명,

비즈니스 매니저 1명, 마케터 1명)과 힘을 합쳐 창업의 길을 선택했다. 인베리토Inverito라는 회사인데, SEC 파일링을 검색할 수 있는 검색엔진을 만들었다. 그런데 이 정보를 공짜로 접속할 수 있는 툴이 이미 있었고, 사용자들도 돈을 내고 쓰려는 의지가 크지 않았던 분야였다. 시장 접근을 잘못한 거다. 또 내부 거래 정보를 편리하게 확인할 수 있는 인사이더스쿠프Insiderscoop라는 서비스를 판매해 어느 정도 사용자를 모았는데, 이번엔 공동 창업자들끼리 사이가 안 좋아졌다. 모두가 동등한 지위를 갖고 있었지만 서로의 역할 분담이 부족해 발생한 일이었다. 같은 회사에서 일했던 사람들이라 합이 잘 맞을 거라 생각했는데, 연애와 결혼이 다르듯 실제 창업을 해보니 생각과 다른 부분이 많았다.

이 적절한 비유인 것 같다. 연애 때와 달리 결혼 후에는 싸울 일이 더 많아진다. 싸우더라도 잘 화해하고 넘어가는 게 중요하다.

한 맞다. 그렇게 인베리토를 정리하고 와이즈넛을 인수한 룩스마트로 갔다. 그런데 합류한 지 9개월 만에 검색 사업을 접겠다는 통보를 받았다. 그래서 야후Yahoo로 자리를 옮겼다. 야후에 가기 전까지 미국 생활 첫 4년은 꽤 힘들었다. 회사 상황이나 경기도 안 좋았을뿐더러 영주 권을 받지 못해 체류 신분도 불안정했고, 당시 첫아이도 태어나 여러모로 정신이 없었다.

이 격하게 공감한다. 정말 힘들었을 것 같다. 주로 스타트업에 있다가 야후 같은 글로벌 IT 기업으로 갔을 때 느낌은 어땠나?

한 창업을 해본 관점에서 보자면 일은 식은 죽 먹기였다. 월급 제때 나오지, 해야 할 일들도 정해져 있지, 리소스도 모두 있으니 굉장히 감사한 마음으로 다녔다. 창업해서 망해본 경험이 없었다면 그 정도로 고마워하며 일하지는 않았을 것 같다.

이 야후에서도 검색 쪽에 있었나?

한 그렇다. 야후에 다니면서 조직이 계속 성장했고, 배울 점이 많은 좋은 매니저들과 일할 수 있었다. 이전에는 훌륭한 매니저와 일할 기회가 없어 몰랐는데, 좋은 사람과 일하는 게 얼마나 중요한 경험인지 처음 느꼈다. 인성이 훌륭한 건 물론이고, 조직에서 힘을 갖고 결정을 명확하게 내리거나 전달하는 게 좋은 매니저의 모습임을 배울 수 있었다.

이 들어보니 대기업과 스타트업에서 했던 고민의 종류가 다른 것 같다.

한 그렇다. 스타트업은 기본적으로 하루하루 생존에 신경 써야 한다. 부족한 인력과 리소스를 가지고 어떻게 하면 매일 살아남을 수 있을지를 치열하게 고민한다. 하지만 대기업에서는 생존에 대한 문제보다 '어떻게 경쟁력을 유지하고 혁신할 것인가'가 중요하다.

또 대기업은 아무래도 똑똑한 사람이 많이 몰려 있는 집단이다 보니, 내부적으로도 항상 경쟁해야 한다. 그런 만큼 의사결정 과정도 느리고 정치적인 부분도 없지 않다. 야후에 다닐 때도 '대기업과 나는 역시 안 맞는구나'를 계속 느꼈다.

이 디렉터 자리까지 올라간 분이 대기업과 맞지 않는다니 조금 의외다.

한 하루하루 살아 있다는 느낌이 들어야 하는데, 지낼수록 너무 지루하다는 생각을 지울 수 없었다. 동료들이나 후임들도 시간이 지나 모두 부사장까지 승진했고, 나도 계속 있었다면 그 정도까지는 올라갔으리라 생각한다. 하

지만 그때 깨달음을 얻었다. 거창한 꿈보다는 하루하루
재미있는 일을 하고, 그 일을 하면서 살아 있음을 느끼
고 싶은 갈망이 내게 있다는 사실이었다.

이 2010년부터 검색엔진 경쟁에서 야후도 어려운 시기에
진입했던 것으로 기억한다.

한 정확히 말하면 2008년부터 대규모 정리해고가 시작됐
다. 6개월에 한 번 1000명, 2000명씩 해고됐다. 회사 분
위기가 이렇게 망가지면 가장 먼저 뛰어난 사람들이 다
른 곳으로 이직하기 마련이다. 야후는 매년 3월에 보너
스를 줬다. 회사를 관두기 1년 전쯤, 아내에게 내년 3월
에 보너스를 받고 회사를 관두겠다고 말했고 정말로 그
시점에 야후를 나왔다.

이 야후 다음에는 어디로 갔나?

한 헤일리오Haileo라는 스타트업에 합류해 CTO 역할을 했
다. UCLA 교수 한 분과, 내가 미국에 처음 와서 일했던
와이즈넛의 CEO가 공동 창업자였다. 그런데 여러 소통
이나 비즈니스 의사결정 과정에 문제가 좀 있어, 회사가
시리즈A 펀딩에 실패해 9개월 만에 문을 닫았다. 그래서
이 기회에 좀 쉬는 게 낫겠다 싶었다. 17년간 쉬지 않고

달려왔기 때문이다. 1년 정도 쉴 계획이었는데, 그전까지 맘 놓고 놀아본 적이 없어서 처음 몇 달은 불안해하며 지냈다. 나중에 돌이켜 보니 크게 걱정할 필요도 없었는데 말이다.

이 쉬면서 계속 여가를 즐겼나, 아니면 그동안에도 다른 일을 했나?

한 쉰 지 석 달쯤 되니까 예전 야후 동료들이 '놀고 있다고 들었는데 우리 회사에 와서 좀 도와달라'라고 연락을 해왔다. 그때 깨달은 것이 바로 평판의 중요성이었다. 맡은 일에선 결과를 내고, 팀플레이를 잘한다는 평판이 있었기에 이런 연락들을 받을 수 있었다고 생각한다. 결국 평판이 좋은 사람에게는 안식년도 새로운 기회가 될 수 있음을 깨달았다. 이를 계기로 전혀 생각지 못했던 컨설팅을 3개나 동시에 진행하게 됐다. 그러면서 자신감을 되찾았다. '내가 아직 살아 있구나' 하는 감정을 느낄 수 있었다.

이 심신이 지치기도 했던 것 같다.

한 사실 몸이 힘들었다기보다는 심적으로 자신감을 잃은 상태였다. 망해가는 회사에 계속 있으면 자신감을 잃기

섭다. '나는 다르다'라고 생각해도 환경은 점점 나빠지고, 잘하는 사람부터 회사를 탈출하기 시작한다.

돌이켜 보면 야후에 있던 마지막 3년은 나 스스로 자신감을 조금씩 잃어갔던 시기였다. 자신감을 잃으니 또 다른 문제가 생겼다. 기회가 찾아와도 잡지 못하는 일이 많았다. '과연 거기서 버틸 수 있을까' 하는 의구심부터 들었기 때문이다. 당시에는 그런 사실을 인지하지 못했다. 그저 '내가 지금 야후에서 디렉터이고 회사에서 받는 게 많으니, 다른 곳을 가더라도 더 높은 직책에 더 많은 연봉을 받아야 한다'라며 스스로 기준을 높이고 있었다. 그러다 안식년을 지내며 돌아보니, 내가 까다로워서가 아니라 자신감이 떨어져 있었기 때문이라는 걸 깨달았다. 자신과 맞지 않은 환경에서 오래 버티는 일은 아무런 의미가 없다. 결국 기회비용만 날아가기 때문이다.

이 소름 돋을 정도로 공감된다. 안식년 이후에는 어떤 일을 했나?

한 야후에서 합이 잘 맞았던 이스라엘 친구가 있었는데, 그가 폴리보어Polyvore라는 스타트업에 함께 가자고 제안했다. 창업자 한 분과 얘기해보니 회사도 괜찮았고, 지표상으로도 이미 수익을 내고 있었다. 또 내게 합류를 제안한 이스라엘 친구가 CTO 역할을 맡아 믿고 가도 되겠다고 판단했다. 폴리보어에 입사한 후에는 검색엔진과 추천엔진 등을 만들었다. 그러나 결국 이 회사는 2억 달러에 야후에 팔렸다. 이 회사에서 안타까웠던 점은 초기 멤버들의 관계가 너무 끈끈해 그들의 이너서클을 깨고 들어갈 수가 없다는 것이었다. 누가 새로 들어오면 약간 적대시하는 느낌마저 들 정도였다. 굴러온 돌이 박힌 돌을 빼낸다고 생각해 경계하는 듯했다. 그런데 이런 경우가 의외로 많다. 나도 와이즈넛에 다닐 때 딱 그런 모습이었다는 것을 나중에야 깨달았다. 새로 들어온 사람들을 도와주기보다 오히려 적대시하지 않았나 생각한다.

그래도 폴리보어는 초기 멤버들이 훌륭했기 때문에 그나마 그 가격에 팔릴 수 있었다. 그들이 좀 더 오픈마인드를 가졌다면 뒤에 0이 하나 더 붙었을지 모른다. 결국 스타트업이 성장하려면 창업자 그룹보다 더 똑똑한 사람들을 계속 뽑아야 한다.

이 역사를 봐도 나중에 개국공신들을 다 물갈이하는 경우가 많다.

한 그와 비슷할 수 있다. 회사가 성장하다 보면 결국 그 수준에 맞는 뛰어난 사람을 뽑아야 한다. 이게 바로 성장통의 주요 원인 중 하나다. 초기 멤버들이 우리가 고생해서 여기까지 왔으니까 '이제 이곳에서 편하게 있어도 된다'라고 생각하는 순간, 그들보다 더 경험 있는 사람을 뽑지 못한다.

이 회사가 팔린 후 야후로 다시 돌아갔나?

한 개인적으로 폴리보어 팀과 야후로 돌아갈 생각은 없었다. 그런데 이 회사가 야후에 팔리기 1년 전부터 교육 플랫폼 유데미Udemy의 CTO로 갔던 지인에게서 컨설팅 의뢰가 계속 들어왔다. 유데미는 창업자가 터키 사람이라 초기 직원들도 다 터키인이었다. 엔지니어도 상당수가 터키에 있었고, 경험이 많지 않은 20대 초반 대학생이 대부분이었다. 그런데 일주일에 2시간 정도 콘퍼런스콜(전화회의)로 질의응답을 하다 보니 '이 회사 괜찮은데?' 하는 생각이 들었다. 10개월 정도 컨설팅하고 내가 먼저 회사에 합류하고 싶다고 제안했다. 이 회사라면 즐겁고 재미있게 일할 수 있다는 확신이 들었다.

이 그때가 교육 플랫폼이 활기를 띠던 시기 아니었나?

한 그렇다. 여러 성공적인 교육 플랫폼이 나오며 붐이 한창 일어나던 시점이었다. 내가 합류했을 때는 유데미의 회사 규모가 20명 정도였는데, 4년 후 그만둘 때는 500명 정도까지 늘었고 2년 전에는 나스닥에 상장했다. 개인적으로 이때 일한 4년이 제일 재밌었다. 생각해보면 이 회사가 잘된 이유는 딱 하나다. 초기 멤버들보다 더 경험 있고 똑똑한 사람들을 계속 뽑아서 지원을 제대로 해줬기 때문이다.

이 유데미에서 자리도 잘 잡고 재미있게 일했는데, 다른 회사로 옮긴 이유는 무엇인가?

한 회사가 점점 커지니 옛날 대기업 다닐 때가 생각났다. 또 오피스가 집에서 멀어 하루 4시간을 출퇴근에 쓰다 보니 힘들었다. 회사가 그 정도까지 커졌으니 나름 물러날 때를 잘 파악했던 것 같다. 앞으로도 회사가 망하지 않고 상장까지 갈 거라는 확신이 있었기에 내 후임을 찾아주고 떠났다.

이 그러면 유데미 이후에 두 번째 안식년을 맞은 건가? 그때는 어떻게 지냈나?

한 첫 안식년 때는 불안했지만 재밌기도 했다. 그런 경험이 있으니 두 번째 안식년을 시작할 때는 오히려 큰 기대감에 설렜다. 불안함은 전혀 없었다. 2년 정도 파트타임으로 굉장히 많은 회사를 컨설팅했다. 당시 컨설팅의 목표는 다음에 어떤 회사를 갈지 알아보는 측면이 컸다. 레벨이 어느 정도 올라가면 그저 인터뷰 한번 하고 입사하는 건 도박과 다름없다. 결국엔 둘 중 하나다. 경영진에 친한 사람이 있어서 그가 내 스폰서가 되어주거나, 일해보니 내가 이 회사와 정말 잘 맞는다는 걸 알게 되는 경우다. 두 번째 안식년의 목표는 '5년에서 10년 정도 일할 회사를 찾아보기'였다. 쉽지는 않았지만 좋은 경험을 많이 했다. 7~8개 회사를 컨설팅했는데 그중엔 현대카드, SKT, SK아카데미 같은 한국 대기업도 있었다. 하지만 원하는 회사를 바로 찾지는 못했다. 그러던 중 2020년 가을, 딸아이가 대학에 입학해 온 가족이 여행을 떠났다. 그러나 여행 후 뭔가 찾아야겠다는 계획은 코로나19 팬데믹과 함께 날아가버렸고, 별로 마음에 두지 않았던 하모나이즈Harmonize라는 디지털 헬스케어 스타트업에 2년 정도 있었다. 그 이후 대학 동기 2명이 하는 그렙에 합류했다.

이 커리어를 통틀어 정말 다양한 스타트업을 경험했다. 스타트업을 경험하기에 가장 적합한 순간 혹은 나이대는 언제일까?

한 일단 나이를 명확하게 얘기하긴 어려운데, 40대 초중반쯤이 제일 좋지 않나 싶다. 어느 정도 경험이 있기 때문이다. 하지만 자신의 성공방정식 혹은 자신에 대한 오래된 믿음을 깨고 나갈 수 있는 사람이냐 아니냐가 가장 중요하다. 자신에 대한 고정관념은 아무래도 어릴수록 덜하다. 그런 관점에서는 한 살이라도 젊을 때 스타트업에 가보는 게 좋다. 그런데 또 너무 어리면 경험이 없어 어려울 수 있다. 적당한 밸런스를 고려한다면 40대 초중반이 제일 좋을 것 같다.

이 나 역시 앞서 말한 '하루하루 살아 있다는 느낌'이 부족해 힘들 때가 많다. 나뿐 아니라 많은 직장인의 고민이다. 이들을 위한 조언 한마디 부탁한다.

한 개인적으로 생각을 별로 안 하는 편이다. 하지만 시작의 중요성에 대해선 많이 강조한다. 시작하지 않으면 아무것도, 어떤 결과도 안 생긴다. 또 시작할 때 생각해볼 게 하나 있다. 아니다 싶으면 돌아가면 된다. 하지만 시작

자체를 하지 않으면 내게 어떤 가능성이 있고, 내가 어떤 사람인지를 모른다. 무엇보다 나이가 들었을 때 크게 후회한다.

강함은 부드러움을 이길 수 없다

▼

〈에브리씽 에브리웨어 올 앳 원스〉는 내게 깊은 여운을 남긴 영화다. 양자경 배우의 멋진 연기는 말할 필요도 없거니와, 멀티버스라고 하는 산만할 수 있는 소재를 이질감 없이 영화에 잘 담아냈다. 특히 극 중 에블린(양자경)의 남편으로 나오는 웨이먼드(키 호이 콴)라는 캐릭터에 가장 큰 감동을 받았다. 그는 착해 빠진 것을 넘어 사람들이 쉽게 보고 무시하는 '호구' 같은 사람이다. 하지만 남들이 뭐라 하든 그는 누구에게나 상냥하고 친절하다.

미국 사회에서 가장 인정받는 남성상은 '강한 남자(알파메일)'다. 우리가 잘 아는 할리우드 스타 중에 드웨인 존슨이나 톰 크루즈 같은 이들이 대표적이지만, 미국 드라마 〈하우스 오브 카드〉의 '프랭크 언더우드' 같은 정치적 리더도 미국식 알파메일의 전형이다. 오죽하면 미국 대통령 후보 경선 때마다 본인들이 얼마나 터프한지 강조하려고 혈안이 되어 있겠는가? 그만큼 미국은 강함에 대한 사람들의 집착이 대단한 나라다.

반대로 〈에브리씽 에브리웨어 올 앳 원스〉의 웨이먼드처럼 리드하지 못하고 끌려다니는 이를 '베타메일'이라고 부른다. 이러한 베타메일 프레임은 아시아인에 대한 편견으로 확장되곤 한다. 기존 서양 영화나 TV쇼에서 동양인들이 조연이나 감초 역할만 도맡아 했던 것과도 연관이 크다. 그래서 나는 최근에 등장하기 시작한 동양인 알파메일 캐릭터에 나름 큰 환호를 보냈다. 영화 〈이터널스〉에서 마동석이 맡은 '길가메시'처럼 적을 강한 힘으로 무찌르는 동양인 캐릭터는 이전에는 잘 볼 수 없었다. 하지만 길가메시 역은 마동석 배우를 담기엔 그릇이 너무 작았고, 시무 리우가 맡은 '샹치'의 경우 무술하는 착한 동양인 프레임에서 크게 벗어나지 못했다. 무술 잘하는 착한 동양인을 대표하는 배우는 성룡인데, 그의 놀라운 싸움 실력에 비해 부족한 남성미를 지적하는 비평도 여럿 존재한다. 세상을 구했음에도 여전히 모델 시티즌(Model Citizen, 말 잘 듣는 모범시민)의 한계를 넘지 못한 것이다. 하지만 웨이먼드 캐릭터는 이전 동양 남성에게서 느껴지는 분위기와는 무언가 달랐다. 베타메일의 탈을 쓴 슈퍼 알파메일 같은 느낌이었다. 영화의 메인 빌런으로 나오는 '조부 투파키'와 에블린의 갈등이 절정으로 치닫는 시점에서 웨이먼드는 에블린에게 이렇게 말한다. "내가 유일하게 아는 것은 우리 모두 다정해야 한다는 거야. 다정함을 보여줘. 특히 우리가 무슨 일이 일어나고 있는지 모를 때 말이야."

또 다른 유니버스의 웨이먼드는 이렇게 이야기한다. "내가 늘 세상을 밝게만 보는 건 순진해서가 아니야. 전략적으로도 필요하기 때문이지. 난 그런 방법으로 살아남았어."

그의 대사를 통해 나는 웨이먼드가 약한 게 아니라, 부드러움으로 강함을 이기는 궁극의 경지를 터득한 사람임을 깨달았다. 그의 가르침에서 깨달음을 얻은 에블린은 웨이먼드에게 이렇게 말한다. "당신처럼 싸울 거예요."

그리고 조부 투파키와 그녀를 둘러싼 적들에게 무자비한 폭력 대신 친절함을 베풀며 위기에 처한 멀티버스를 구해낸다. 결국 강함을 이기는 것은 같은 강함이 아니라 부드러움이다.

나는 미국 생활을 하며 기가 센 미국 알파들과 힘으로 싸워 이기겠다는 생각을 항상 가지고 있었다. 물론 그 과정에서 나름 성과도 있었지만, 상처를 입고 한계에 부딪힐 때도 많았다. 그런데 이 영화를 보고 나니 내가 굳이 주먹으로 상대를 이겨야만 이기는 게 아니구나를 깨달을 수 있었다. 이제 나도 웨이먼드처럼 싸우는 법을 배우겠다고 마음먹었다.

미국 생활을 한 지 벌써 16년째다. 조지 부시 정권 말기에 들어와 오바마 8년, 트럼프 4년, 바이든 4년을 거쳤고, 올해 과연 새로운 대통령은 누가 될지 궁금하다.

이곳에서 가정도 이루었다. 미국에 올 때는 분명 혼자였는데, 어느새 결혼도 하고 아이들도 생겼다. 도시도 여러 번 옮겨 다녔다. 뉴욕에서 살다가 시애틀로, 다시 뉴욕으로 갔다가 또 시애틀로 돌아왔다. 그리고 지금은 새너제이에서 살고 있다.

이 외에도 많은 게 변했지만 그래도 변치 않은 것은 내가 '디자이너'라는 사실이다. 예전에는 대학에서 전공하면 무조건 그 전공대로 사는 줄 알았다. 하지만 아니었다. 내 주변 동기들도 원래는 디자이너를 꿈꾸었지만 현재는 개인 사업가, 자동차 중개인, 요리사, 일반 사무직 등 디자인과 크게 상관없는 직업을 가지고 살아간다. 그런데 이 변화들이 전혀 이상하지 않았다. 그냥 자연스러운 일이었다.

솔직히 나도 중간에 업을 바꿀까 하는 고민을 했었다. '디자이너'로서 미국에서 살아남기가 버거웠기 때문이다. 실제로 오랜 꿈 중 하나인 전업 작가로 전향하는 생각도 해봤고, 음식점이나 카페를 오픈하는 일도 알아보았다. 이런저런 고민과 방황을 하다 보니 어느새 시간이 많이 흘렀다.

그렇게 적지 않은 시간 동안 디자인을 하다 보니 조금씩 경험이 쌓였다. 경험이 쌓이다 보니 점점 더 많이 보였다. 많은 것을 보다 보니 새로운 기회가 하나씩 열렸다. 인류에 뭔가 보탬이 되는 대단한 일을 하지는 않았지만, 내게 주어진 일을 꾸역꾸역 하다 보니 여기까지 왔다. 그리고 지금은 이런 생각이 든다. '다행이다. 중간에 포기하지 않아서.'

AI는 일하고 인간은 성장한다

어느 디자이너의 가장 개인적인 생존법

2024년 6월 14일 초판 1쇄 발행

지은이 이상인

펴낸이 김은경
편집 권정희, 장보연
교정교열 김주연
마케팅 박선영, 김하나
디자인 황주미
경영지원 이연정
펴낸곳 ㈜북스톤
주소 서울특별시 성동구 성수이로7길 30, 2층
대표전화 02-6463-7000
팩스 02-6499-1706
이메일 info@book-stone.co.kr
출판등록 2015년 1월 2일 제 2018-000078호

ISBN 979-11-93063-42-2 (03190)

북스톤은 세상에 오래 남는 책을 만들고자 합니다. 이에 동참을 원하는 독자 여러분의 아이디어와 원고를 기다리고 있습니다. 책으로 엮기를 원하는 기획이나 원고가 있으신 분은 연락처와 함께 이메일 info@book-stone.co.kr로 보내주세요. 돌에 새기듯, 오래 남는 지혜를 전하는 데 힘쓰겠습니다.